OFFERT PAR L'AUTEUR

LA BIBLE ITALIENNE

AU MOYEN AGE

PAR

SAMUEL BERGER

Extrait de la *Romania*, tome XXIII

PARIS
1894

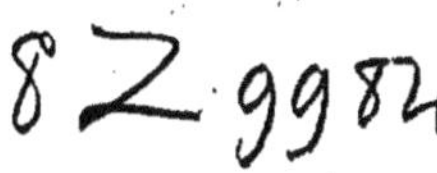

Fin d'une série de documents
en couleur

LA

BIBLE ITALIENNE

AU MOYEN AGE

PAR

SAMUEL BERGER

Extrait de la *Romania*, tome XXIII

PARIS
1894

LA BIBLE ITALIENNE AU MOYEN AGE

INTRODUCTION

Après les bibles françaises, provençales et catalanes[1], l'ordre de nos travaux nous amène à nous occuper de la Bible italienne.

C'est une chose étrange que l'ignorance où l'on est aujourd'hui, même dans les milieux les plus érudits, quant aux origines de la Bible italienne. C'est pourtant un sujet attrayant. La langue italienne répand sur cette étude le charme qui s'attache à elle. Que dire de l'histoire religieuse de l'Italie, à laquelle il semble impossible que l'histoire de la Bible n'apporte pas quelques clartés ! Les sectes ont pullulé sur le sol de l'Italie. Comment ne pas se demander quel usage elles ont fait de l'Ecriture sainte en langue vulgaire ? Les Vaudois, dont le nord de l'Italie est devenu la patrie, ne sont-ils pour rien dans les efforts qui ont été faits pour donner au peuple italien la Bible en sa langue ? Lors même que nous ne recevrions pas une réponse très claire à cette question (car les versions de la Bible laissent rarement deviner le caractère religieux de ceux qui les ont faites), nous pouvons compter sur une riche moisson de détails intéressants et instructifs. Nous serons, sans nul doute, introduits un peu plus avant, par tant de manuscrits signés des traducteurs, des copistes ou des propriétaires, dans le secret de la vie intellectuelle de plus d'une famille italienne. Nous apprendrons surtout à mieux connaître Florence et sa civilisation.

A côté de toutes ces questions, qui touchent uniquement l'histoire de l'Italie, il s'en pose une autre, d'un intérêt plus

---

1. *La Bible française au moyen âge*, Paris, 1884 ; *Romania*, XVIII, 353 : *Les bibles provençales et vaudoises* ; XIX, 505 : *Nouvelles recherches sur les bibles provençales et catalanes*.

général. L'histoire des littératures en langue vulgaire, particulièrement parmi les peuples latins, a montré, entre ces diverses littératures, d'étroites relations. Un grand nombre d'œuvres dont la source première est latine n'ont pas été tirées immédiatement de l'original latin et sont simplement la traduction en une langue romane d'une première version écrite en une autre langue romane. C'est au trésor de la littérature française que l'Italie, la Provence et la Catalogne ont le plus largement puisé. L'histoire de la Bible en provençal et en catalan nous l'a montré souvent. C'est ainsi qu'il est devenu impossible d'étudier isolément les littératures des peuples de langues romanes. La curiosité que nous apportons à l'étude de la Bible italienne ne sera donc pas le seul mobile de nos recherches. La propagation de la langue française et sa popularité hors de France n'y sont pas moins intéressées.

Malgré tout cela, la Bible italienne du moyen âge n'a pas trouvé d'historien. En vain, dans son *Histoire du Nouveau Testament*, M. Reuss rappelait, sur la foi de J. Lami[1], qu'à Florence seulement on trouverait une quarantaine de manuscrits du Nouveau Testament en italien. Personne ne se souvenait des belles pages dans lesquelles le P. Le Long a tracé le projet de notre étude. Sans doute, les publications consacrées dans ce siècle à notre sujet ont été nombreuses, mais la science a peu de chose à y trouver. A mesure qu'un érudit italien rencontrait sur son chemin un ms. ou un ancien texte imprimé de quelque partie de la Bible, il s'empressait d'en publier quelques pages, à titre de « texte de langue », qu'il fût bon ou mauvais, ancien ou récent, et sans que personne s'inquiétât de comparer ces textes entre eux ni d'en rechercher l'origine.

Un seul homme a tenté de faire l'inventaire de toute cette richesse, c'est M. le sénateur Negroni, de Novare. Avec le concours de la « Commission royale pour les textes de langue dans les provinces de l'Émilie », il a entrepris de publier la Bible italienne d'après un texte incunable, et il a mis en tête de cette édition une préface qui est du plus vif intérêt. M. Negroni a recueilli, en grande partie dans la bibliographie de Zambrini (*Le Opere volgari a stampa*), les titres de nombreuses plaquettes consacrées à notre sujet par les lettrés italiens, et les

1. *De eruditione apostolorum*, Florence, 1738, in-fol., p. 308 et suiv.

bibliothécaires de Florence, de Sienne, de Venise et de Vicence lui ont fourni le catalogue, plus ou moins complet, des mss. conservés dans leurs dépôts. Il a publié tous ces documents sans prétention et il y a vu assez clair pour pouvoir en tirer quelques conclusions qui sont justes au fond. Il a bien senti que le plus grand nombre de ces mss. représentent un seul et même texte, qu'il y a une vulgate italienne, et que ce texte courant est, en grande partie, le même que nous retrouvons dans la deuxième Bible imprimée, dans celle qu'on attribue à Nicolas Jenson et qui est datée de Venise, le 1er octobre 1471. Partant de cette observation, M. Negroni a cru pouvoir se borner à republier, sans notes ni variantes, la Bible de N. Jenson. Il ne s'est pas demandé si c'était faire œuvre de science que de se contenter d'une impression du xve siècle, altérée et défigurée de bien des manières, pour faire connaître des textes beaucoup plus anciens, lorsqu'on a à sa portée des mss. nombreux et excellents. Il n'en est pas moins vrai que M. Negroni a rendu un grand service à nos études. Il a tracé à d'autres le programme des travaux à accomplir et il a fourni à ceux qui viendront après lui des instruments de travail tout apprêtés.

Il s'agit aujourd'hui de nous rendre compte de tout ce qui est conservé, tant dans les mss. que dans les incunables, de l'ancienne Bible italienne. Une telle recherche est avant tout une revue des bibliothèques de l'Italie. Je ne l'aurais pas entreprise sans demander les conseils de mon ami M. L. Auvray, qui n'est pas un nouveau venu dans l'étude des lettres italiennes, et, avant de l'achever, j'ai dû recourir plus d'une fois à l'expérience de M. G. Goyau. Les mss. de notre Bibliothèque nationale me fournissaient un excellent point de départ. Nous possédons à Paris une partie de la bibliothèque des rois aragonais de Naples, rapportée par Charles VIII. C'est ainsi que la Bibliothèque nationale possède deux mss. de la Bible italienne, et l'un d'eux est la seule Bible complète qui soit conservée. Quant aux bibliothèques d'Italie, un voyage de quelques semaines aurait été bien court pour les recherches que j'avais à y faire. J'ai heureusement pu profiter de l'extrême obligeance de M. P. Sabatier qui, pendant les séjours qu'il a faits à Florence, a bien voulu parcourir pour moi une partie des mss. de cette ville et m'orienter ainsi dans mon enquête. Je n'ai pas besoin de louer l'accueil gracieux que j'ai reçu à la Bibliothèque nationale de Florence, à la Laurentienne, à la Marciana, à Sienne et en d'autres lieux, mais je ne saurais me refuser la satisfaction de dire ce que je dois au conservateur de la Bibliothèque Riccardi, M. S. Morpurgo. Son expérience de la paléographie florentine, sa connaissance du vieux toscan et sa familiarité avec la généalogie des grandes familles de la république m'ont guidé avec sûreté dans des recherches dont Florence était le centre. Quant à M. Paul Meyer, je n'en suis plus à le remercier pour ses fidèles conseils et pour ses amicales directions.

Je ne me suis pas cru obligé d'épuiser mon sujet. Il convient de laisser matière aux travaux des savants italiens, dont ces études devraient être le patrimoine, et je ne peux que souhaiter bon succès au travail que Mgr Carini achève en ce moment sur le même sujet. Je demande seulement aux Italiens d'excuser l'inexpérience d'un *forestiere* qui s'enhardit à parler de leur littérature. Ce que j'ai désiré avant tout, c'est d'ajouter un nouveau chapitre à l'histoire comparée de la Bible dans les langues romanes. Telle est la raison d'être de ce travail.

CHAPITRE I. — MANUSCRITS ET INCUNABLES

a. *Bibles manuscrites.*

Il ne saurait être question d'énumérer en ce moment tous les mss. qui contiennent quelque partie de la Bible en italien. Chacun d'entre eux sera mentionné à l'occasion des livres qu'il contient. Il nous suffira de dire qu'aucun n'est probablement antérieur au XIVe siècle. Nous nous bornerons, en ce moment, à indiquer, en commençant par les plus anciens, ceux de nos mss. qui paraissent avoir fait partie d'une Bible plus ou moins complète.

Ces mss. sont, en général, beaucoup moins richement ornés que ceux de la Bible française. Nous trouvons là dès à présent un fait digne d'attention.

1. SIENNE I.V.5. Ce ms. est du XIVe siècle, il est écrit sur papier. On y lit la Genèse, les vingt-huit premiers chapitres de l'Exode, les quatre livres des Rois, les quatorze premiers chapitres des Machabées, l'histoire de Samson et les douze premiers chapitres de Tobie. Quoique plus ancien, il semble

moins bon, dans les parties communes, que l'autre ms. de Sienne dont nous parlerons bientôt.

2. RICCARDI 1252. Cette partie de Bible est écrite sur papier, d'une écriture anguleuse du XIVe siècle. Elle commence avec l'Ecclésiastique, que suit la Sapience, et elle finit avec l'Apocalypse. Les Prophètes y sont remplis d'interversions qu'il est difficile de débrouiller. La division en chapitres est, dans le plus grand nombre des livres, entièrement différente de la nôtre. L'orthographe est florentine.

3. SIENNE F. III. 4. Ceci est notre meilleur ms. Il contient tout l'Ancien Testament. Il est écrit sur papier, il a été copié entre le XIVe et le XVe siècle. On remarque, dans les Prophètes, de nombreuses interversions. Dans les deux mss. de Sienne, la Genèse est divisée en une série de chapitres qui ne sont pas ceux d'aujourd'hui.

4. PARIS, BIBL. NAT., ITAL. 1 et 2. C'est la seule Bible complète que nous connaissions. Ces deux volumes sont écrits sur papier, d'une petite écriture penchée, anguleuse et peu lisible, de la seconde moitié du XVe siècle. Les initiales de notre ms. n'ont jamais été peintes et sont restées en blanc.

Le texte de ce ms. est, en général, le même que celui des mss. plus anciens, mais il est presque partout retouché et corrompu. Dans les livres sapientiaux et dans quelques autres, tels que Judith, il diffère absolument des autres textes, soit mss. soit imprimés. Dans les évangiles, ce n'est parfois que d'assez loin qu'il rappelle le texte des bons mss. Notre ms. est pourvu d'un riche appareil de prologues et de rubriques. Voici, comme exemple, la rubrique du premier chapitre de la Genèse :

(I)ncominciasi il libro del Genesis, libro primo de la Biblia. Chome nel primo giorno Iddio creò la luce spartendola dalle tenebre, appellando la luce dì e lle tenebre nocte. Capitolo primo : (N)el chominciamento creò Idio il cielo e lla terra.....

Ce système de textes préliminaires n'est pas ancien dans toutes ses parties. En effet, on rencontre, en tête du prologue du livre de Job, le nom de saint Thomas d'Aquin :

Comincia una exposicione a modo di prologo di santo Thomaso d'Aquino[1] sopra il libro di Job : (S)í come nelle chose che naturalmente si generano....,

[1] 1. Ms. B. N. 3 : *Prologho de l'angelico doctore S. Thomaso d'Aquino dell'ordine di fra predicatori.*

Nous remarquons, dans les Épîtres de saint Paul, une singulière lacune : l'Épître aux Romains n'est représentée que par une préface et par un argument. La fin du feuillet où elle aurait dû commencer est en blanc.

5. MÊME BIBLIOTHÈQUE, ITAL. 3 et 4. Nous avons ici les deux derniers volumes d'une Bible qui en a eu trois. Le ms. commence actuellement avec le Ier livre d'Esdras. L'un et l'autre volume sont signés du copiste, Nicolaus de Neritono, de l'ordre des frères prêcheurs; le premier est daté du 31 octobre 1466, le dernier du 15 mars 1472 (et non 1452, ainsi que M. Mazzatinti a lu à tort). Le ms. est en papier encarté de parchemin. C'est en quelque sorte la doublure du ms. que nous venons d'examiner, avec l'Épître aux Romains en plus, et cette épître diffère du texte des mss. plus anciens. A la fin de la Bible se trouve une Interprétation des noms hébreux, suivie d'un extrait de Papias relatif aux six âges de la vie et d'une table des chapitres. Notre ms. est écrit en une belle écriture ronde, qui permet de se rendre compte, mieux que dans le ms. précédent, de l'orthographe du temps : il est vrai que cette orthographe est pitoyable. Ces deux mss. ensemble constituent sans nul doute les restes d'une édition de la Bible, faite au XVe siècle, peut-être au royaume de Naples.

b. *Bibles imprimées.*

1. *La Bible de Malherbi.* -- Les deux premières éditions de la Bible italienne ont paru à Venise, s'il faut en croire l'*impressum*, à deux mois de distance, le 1er août et le 1er octobre de 1471. La première en date est celle de Nicolò di Malherbi; elle est sortie des presses de Wendelin de Spire[1].

La Bible est précédée d'une *Epistola de Don Nicolò di Malherbi veneto al reverendissimo professore de la sacra theologia maestro Laurentio, de l'ordine de sancto Francesco.* Cette épître est déclamatoire et vide. L'auteur déclare avoir *traducto tutto testo de la Biblia.* Il dit avoir consacré un soin particulier aux psaumes et les avoir commentés d'après saint Augustin, d'après le Maître

1. On en trouvera la description dans le récent catalogue des incunables de la Bibliothèque Mazarine, par MM. Marais et Dufresne.

des Sentences et Remi d'Auxerre, *l'ornatissimo Ambrosio governandoci cum el dignissimo et laudabile ordine de l'egregio doctore maestro Michele di Bologna, de l'ordine di carmelitani.* Dans les Proverbes et dans le Cantique des Cantiques, il a suivi Nicolas de Lyre. Il parle d'anciennes traductions « partielles » et de leurs nombreuses erreurs, et il leur reproche d'être « apocryphes », parce que leurs auteurs ne se sont pas nommés. Il signe : *Don Nicolò di Malherbi veneto, monaco di S. Benedecto de l'ordine di Camandole, commorante al presente in Sancto Mathia de Moriano.* Suit la réponse en latin de *Laurentius venetus, theologorum minimus, ex ordine cordiferum, ad Nicolaum de Malherbis venetum, ordinis gloriosi Benedicti, monasterii S. Michaelis de Lemo abbatem.* Elle est datée : *Ex collegio minorum claustrato, pridie idus quintilis.*

Après l'Apocalypse, qui est suivie de quelques vers d'actions de grâces à Dieu, on lit les *Rime di Hieronymo Squarzafico de Alexandria, composte a laude di questo volume.* Après avoir célébré les louanges de Zeuxis, de Parrhasius, de Polyclète et même de Prométhée, le panégyriste passe à l'éloge de l'imprimeur, Wendelin de Spire :

Sí che tra tutti di questo lavoro
Ne porta laude quel Spira gientile
Di Vindelin che n'à corona d'oro.

Je n'insisterai pas sur le caractère de cette Bible, qui est, à certains endroits, mêlée de gloses. Son texte diffère en général beaucoup de celui des mss.; par endroits, au contraire, le texte imprimé est aussi près que possible de celui des mss.

La Bible de N. di Malherbi a joui d'un succès extraordinaire. Elle a été, au dire des bibliographes, réimprimée une vingtaine de fois; on l'imprimait encore en 1567. Plus humble a été la fortune de la Bible de Jenson.

2. *La Bible de Jenson.* — Autant la Bible de Malherbi s'affranchit du texte des mss., autant la Bible de Jenson y est fidèle. Les mss. qu'elle suit sont même, en général, les meilleurs, et elle se rapproche, le plus souvent, davantage du ms. F. III. 4 de Sienne que de ceux de Paris. Il n'en est pas partout de même. A certains endroits, le texte de Jenson s'éloigne des mss., et, dans les mêmes passages, il se rencontre d'une manière merveilleuse avec celui de Malherbi. Le P. Le Long avait déjà remarqué cette ressemblance qui ne s'explique qu'ainsi : le plus

récent éditeur a abandonné le ms. qu'il copiait au moment où l'édition princeps est tombée entre ses mains. C'est exactement au verset 22 du chapitre XII du second livre des Machabées que le texte imprimé succède ainsi au ms. Mais l'abandon du ms. n'est pas définitif. Tour à tour, à partir de ce moment, le ms. et l'édition princeps servent de modèle au compositeur, et je pourrais indiquer, entre les Machabées et l'Apocalypse, seize alternatives dans les modèles suivis. Quelques-unes d'entre elles correspondent à la fin d'un feuillet ou d'un cahier de l'édition princeps, mais parfois le changement de modèle s'opère au milieu d'une colonne ou même d'une ligne, soit du modèle, soit de la copie. La fin du tome Ier montre le même phénomène : au commencement du psaume XVII, nous retrouvons le même saut d'une tradition dans une autre, le même abandon du ms. pour l'édition princeps. Ainsi nous constatons, pour l'atelier de Jenson, le même fait qui est connu pour celui de Gutemberg : un livre aussi volumineux que la Bible se commençait en plusieurs endroits. Le travail était plus avancé, aux premiers jours d'août 1471, dans le premier volume que dans le second. On pourra apprécier ainsi la rapidité du travail dans l'atelier de Jenson : les typographes d'aujourd'hui ne lèvent pas toujours la lettre aussi rapidement que les ouvriers vénitiens de 1471. C'est en deux mois, jour pour jour, si la date de l'édition de Jenson est sincère, que la fin de la Bible (Ps. XVII-CL et II MACH., XII, 22-APOC.) a été composée et imprimée.

On comprend maintenant combien il était imprudent de réimprimer, comme l'a fait M. Negroni, à titre de « texte du bon siècle de la langue », un texte incunable dans lequel le Nouveau Testament est en grande partie l'œuvre d'un mauvais traducteur du XVe siècle.

c. *L'ordre des livres de la Bible.*

La disposition générale de la Bible est, dans les mss. ainsi que dans les éditions incunables, celle des Bibles modernes; mais, tandis que le ms. Sienne F. III. 4 suit exactement, pour l'Ancien Testament, l'ordre des livres de la Bible actuelle, les deux mss. de Paris placent Job après le Psautier [1] et insèrent

1. Cet ordre singulier se rencontre également dans un ms. de la Bible catalane, B. N. esp. 2. Je ne l'ai trouvé dans aucun ms. latin.

l'Histoire de Suzanne entre le livre de Judith et celui d'Esther. Ces singularités, qui ne se retrouvent pas dans notre meilleur ms., ne sont probablement pas anciennes. L'ordre des livres du Nouveau Testament a plus d'importance. Un seul ms., Ricc. 1250 (xve siècle), reproduit l'ordre ordinaire aux mss. du moyen âge : *Évangiles, Paul, Actes, Épîtres catholiques, Apocalypse*. La bible de Malherbi, suivie par celle de Jenson, nous montre l'ordre suivant : *Évangiles, Paul, Épîtres catholiques, Actes, Apocalypse*. Cette disposition se rencontre assez fréquemment dans les mss. latins, en particulier dans les anciens textes espagnols ; c'est celle que l'on remarque dans le ms. de Grenoble de la Bible vaudoise. Enfin les deux bibles de Paris et le ms. Ricc. 1252, qui est un des meilleurs, donnent l'ordre que voici, et qui paraît également se retrouver en partie dans le ms. Sienne I. V. 9 : *Évangiles, Épîtres catholiques, Paul, Actes, Apocalypse*. Cet ordre est presque sans exemple dans les mss. latins ; le rapprochement de plusieurs mss. de familles différentes permet de le croire ancien et peut-être est-ce l'ordre primitif des livres dans le Nouveau Testament italien.

Nous aurons à nous souvenir de cette observation lorsque nous discuterons l'ancienneté de la Bible italienne, spécialement du Nouveau Testament. En ce moment, nous devons commencer notre étude par l'examen des textes de l'Ancien Testament, tels que nous les trouvons dans les mss. et les incunables énumérés ci-dessus.

II. — L'ANCIEN TESTAMENT

Genèse. — En dehors d'un essai individuel, dont il sera parlé plus tard, nous n'avons qu'une seule version du Pentateuque. La Genèse commence comme suit dans les deux mss. de Sienne. Le ms. de Paris et la Bible de Jenson donnent le même texte, mais sans la rubrique initiale.

MS. SIENNE. F. III. 4.

Inchomincia il libro primo de la bibia e del vechio testamento. Diremo in questo chominciando dal principio del mondo e di tutte le chose del vecchio testamento, e chome Idio fecie Adam e Eva primo nostro padre e madre, seguitando poi per la glienerazione che di loro uscie e prima de la fede de la santa

Trinitade e delli angieli e de la loro chaduta, cioè de' rei e de la gloria de' buoni. Libro primo. Gienesis.

Nel principio e inançi che 'l mondo fosse creato e tutte l'altre chose che ssono, era el Figliuolo di Dio appo il suo Padre. E questo Figliuolo era Iddio appo lo Padre in Trinitade, per lo quale tutte le chose che ssono fatte, e sença lui è fatto nulla. E quello ch'è fatto in llui sí è vita, la quale vita sí era lucie degli uomini. E questa lucie in tenebre risprende sença essare da le tenebre chonpresa. De la chui Trinitade questo abbiamo fermamente a ttenere che inn una sustançia sieno tre persone...

Nel chominciamento creò Iddio lo cielo et la terra. [2]Ma la terra era vana
e vota, e le tenebre erano sopra a la faccia dello abisso, e lo spirito di Dio era
portato sopra all'acque. [3]Disse Iddio : sia fatta la lucie, e fatta fu la lucie. [4]E
Idio vidde che la lucie era buona, sí divise la lucie da le tenebre, [5]e apellò la
lucie dí e le tenebre notte, e fatto è tra 'l vespero e la mattina lo primo
giorno.

[6]In verità disse Iddio : sia fatto il fermamento in meçço dell'acque, e divi-
dansi e l'aqüe dall'acque, [7]e fatto è il fermamento. E Iddio divise l'acque
lequali erano sotto il fermamento da quelle ch'erano di sopra il fermamento,
e chosí fu fatto. [8]E chiamò Iddio lo fermamento cielo. E fatto è tra 'l vesparo
e la mattina lo dí sechondo.

Il s'est introduit quelque désordre dans le ms. Paris 1, à la fin de la Genèse et au commencement de l'Exode. Les versets 23 à 25 du chapitre L de la Genèse manquent, et la fin de ce chapitre est résumée; le commencement de l'Exode est paraphrasé :

Fin de la Genèse : I figluoli del suo figliuolo Manasse figliuolo di Joseph nacquero in grande gente.

Exode, I : Da poi che Jacob fue intrato in Egypto...

La division en chapitres que nous trouvons dans les deux mss. de Sienne reproduit plus ou moins exactement celle qui se rencontre dans les mss. latins antérieurs au milieu du XIIe siècle

Livres des rois. Nous avons ici deux versions absolument différentes. L'une est littérale et du même caractère que le plus grand nombre des versions des livres du Nouveau Testament; nous la trouvons dans les mss. Sienne F. III. 4 et Paris 1, ainsi que dans la Bible de Jenson. La version du ms. Sienne I. V. 5, au contraire, est paraphrasée et est moins exacte que la version ordinaire. A cause de ces défauts mêmes, il est permis de la croire plus ancienne.

MS. SIENNE I. V. 5.

I Rois, III, 1. Samuel fanciullo serviva a Dio dinançi da Hely sacerdote, et la parola di Dio non era ancho pretiosa ne' suoi die, perché ancho i llui [non era] visione manifesta. [2] Adivenne che Hely sacerdote giaceva nel suo lecto, e lli occhi suoi per la vecchieçça erano chaliginati, sì che non vedeva [3] la lucerna accesa [1]. Dormiva Samuel ne la casa di Dio ove era l'archa di Dio. [4] Et Dio chiamò Samuel, et Samuel rispuose et levossi... [10] Et Samuel disse : Parla, Singnore, lo servo tuo te ode.

MS. SIENNE F. III. 4.

Il fanciullo Samuel aministrava al Singnore nel chospetto di Elim, e la parola di Dio era chara. In quello tenpo non era visione manifesta. [2] E intervenne uno dì che Ehelin giacieva nel suo letto, e gli occhi suoi erano intenebrati, che non potevano vedere [3] la lucie di Dio prima che fusse ispenta. E Samuel dormiva nel tenpio di Dio. [4] E il Singnore chiamò Samuel, il quale disse : ecchomi... [10] E Samuel rispose e disse : Parla, Singnore, però che 'l tuo servo ascholta.

Les chapitres des Rois sont, dans tous les mss., ceux de la Vulgate.

J'ai déjà dit que nous avons deux versions différentes du livre de Judith. La version du ms. Sienne F. III. 4 est libre, celle des deux mss. de Paris et de la Bible de Jenson est littérale. La version libre semble la plus ancienne.

MS. SIENNE F. III. 4.

Ne le parti di Media singnoregiava uno re detto per nome Afasath, il quale era molto possente, e per la sua possança inchominciòe molto ad aquistare e sottomettare giente a la sua singnoria...

MS. B. N. IT. 3.

Adunque lo re Arphasath de' Medii molte avea soctoposte al suo imperio, ed egli hedifichò una cictà potentissima, la quale egli appellò Egabanis...

Dans le ms. F. III. 4 de Sienne, le 1er livre d'Esdras, ceux de Judith et d'Esther ont un système ancien de chapitres. Dans ce ms., les chapitres III et IV de I Esdras manquent, ainsi que le livre de Néhémie.

Job. Le livre de Job, lui aussi, nous offre deux versions différentes, l'une assez libre, l'autre littérale. Ici encore, la traduction littérale est un remaniement de l'ancienne traduction libre.

---

1. On remarque ici un effort en vue de s'affranchir du non sens, presque universel au moyen âge, qui provient de la faute de copie du latin : *Et non potebat videre lucernam Dei antequam extingueretur.*

Comme à l'ordinaire, l'édition de Jenson reproduit, en en corrigeant les fautes, le texte du manuscrit de Sienne, plus librement traduit et, certainement, plus ancien.

MS. SIENNE F. III. 4.

Uno huomo era nella terra di Naus, il qual huomo aveva nome Job, ed era questo Job puro e dritto, temente Iddio, 2 e molto gli dispiacieva il male. 3 El quale Job sí aveva l'avere suo in sette milia pechore e in tre milia chamelli e cinque milia paia di buoi e cinquecіento asinі e di molta grande fameglia e sergienti. E ssí era grande e alto intra tutti quelli d'oriente. 2 E sí aveva sette figliuoli maschi et tre fenmine. 4 E ciaschuno di questi sette figliuoli ch'elli aveva sí facieva convito pelle chase loro el suo dí de la settimana e mandavano e chiamavano le loro tre sorelle ch'egli avevano, ch'elle fusseno al chonvito loro e mangiasseno e beiesseno cho lloro. 5 E con cio sia chosa che nel mondo passasse il dí del chonvito, mandava loro Giob e ssantifichava loro, e llevandosi per tenpo oferiva a Ddio sagrifiçio per ciaschuno, e dicieva : In verità forse che peccharono i filiuoli miei che non benedissono Iddio ne li quori loro. E chosí facieva Giob ongni dí.

6 Ma alchuno dí, chon cio sia cosa che venissono i figluoli di Dio e stessono dinançi al Singnore, fuvi anchora Sattan. 7 Al quale disse lo Singnore : Donde vieni ? E Sattan rispose e disse : Io ò interniata la terra e andai in quella di Naus. 8 Disse lo Singnore : Or non ài chonsiderato lo servo mio Job, che non è ne la terra simile a llui, huomo purissimo e drittissimo e ttemente Iddio, il quale gli displace e partesi dal male ? 9 Rispose Sattam al Singnore e disse : None indarno teme

MS. B. N. IT. 3.

Uno huomo era nella terra di Hus, il quale avea nome Job, et era quello huomo puro et diricto et temente Idio 2 et partendosi dal male. Et nati sono a llui secte figluoli et tre figluole. 3 Et fue la possessione sua de secte milia pecore et di tre milia cameli et di cinquecento paia di buoi et di cinquecento asine et di molta grande famiglia. Et era quello huomo grande in tra tucti quelli d'oriente. 4 Et andavano li figluoli suoi e faceano convito per le case nel dí suo et mandanti chiamavano tre loro sorocchie, acciò ch'elle mangiassero et bevessero il vino co lloro. 5 Et con cio sia cosa che in giro (in giro) passasse lo dí del convito, mandava a lloro Job et santificava loro, et levandosi per tempo offereva a Dio sacrificio per ciascheduno. Diceva : In verità non forse peccassero li figluoli miei et benedicessero Idio ne' cuori loro. Cosí faceva Job ogni dí.

6 Ma uno dí, con ciò sia cosa che venessero i figluoli di Dio e stessero dinanci al Segnore, fuvi ancora in tra loro Sathan. 7 Al quale dixe lo Segnore : Donde vieni ? Il quale rispondente dixe : Òe intorneata la terra et andai in quella. 8 Et dixe a llui : Or non ài tu considerato lo servo mio Job, che nonn è neuno nella terra simile a llui, huomo puro et diricto et temente Idio et parten[do]si dal male ? 9 Al quale respuose Sathan et dixe : Non indarno teme Idio Job. 10 Or non ài tu angra-

Job Iddio. 10 Dinmi, Singnore, or noll'ài
tu gradito e lla chasa sua e tutta la
sustançia [sua intorno intorno, e l'opere
delle mani sue] ài benedette, e lla pos-
sexione sua è cresciuta in terra? 11 Ma
istende un pocho la mano tua e ttocha
ongni chosa ch'elli possiede, se non
nella faccia e allora vedrai s'elli ti bene-
diciera. Allora disse lo Singnore a
Ssattam : Eccho, ongni cosa che egli
à ne le mani tue sieno date, ma ne la
persona sua no lle mettare tu e no lla
tocchare. Allora si partì Sattam da la
faccia del Singnore....

XLII. 12 E lo Singnore benedisse le
chose nuove di Yob maggiormente
che nel principio suo, e fatte sono
a llui xiiij^{m} di pechore e vj^{m} chamelli e
mille paia di buoi e mille asini, 13 ed
ebbe sette figliuoli e tre figliuole. 14 E
chiamò lo nome dell' una Diem, e lo
nome de la sichonda Ciesia, e lo nome
de la terça Chormustibi : 15 e non sono
trovate fenmine chosì belle in tutta
la terra chome le figliuole di Yiob, e
diede loro lo loro padre la redità in tra
li loro fratelli. 16 Vivette Giob doppo
queste chose cxliiij^{o} anni, e vidde i
suoi figliuoli in fino a la quarta gieneratione, e morto è vecchio e pieno
di dì, in santa e buona vita.

ditu lui e la casa sua e tucta la substancia sua intorno, et l'opere de le
mani sue ài benedecte, e la possessione
sua è cresciuta in terra? 11 Ma stendi
uno poco la mano tua et tocca ogni
cosa ch'elli possede, se ne la faccia
benedicerà te. Dixe adunque lo Segnore
a Sathan : Ecco, ogni cosa ch'elli à
nelle mani tue sia, ma in lui non
mectere la mano. Et partesi Sathan da
la faccia del Segnore....

XL. 12 Il Segnore benedixe queste
ultime cose di Job più che 'l suo cominciamento, et facte sono a llui quactor-
dichi migliaia de pecore et sei milia
cammelli et milli gioghi di buoi et mille
asine, 13 ed ebbe secte figluoli e tre
figluole. 14 Il nome di l'una Die, e
'l nome de la seconda Cassia, e 'l nome
de la terçà Corno di cibio. 15 Non
forono trovate femine belli sì come le
figluole di Job in tucta la terra, et
diede loro il padre suo la hereditate
tra li fratelli loro. 16 Vivecte Job dopo
questi fragelli .c.xl. anni, et vide
figluoli suoi [e li figluoli de' suoi]
figluoli in fino a lla quarta generacione,
et morio vecchio et pieno di dì.

Dans le ms. de Sienne, le livre de Job est divisé en 22 chapitres, au lieu de 42 qu'on trouve dans les textes latins depuis l'époque de saint Louis.

Nous ne nous arrêterons pas, pour le moment, à l'étude du Psautier, qui demande à être étudié à part.

Livres de Salomon. Les livres sapientiaux sont, comme on le sait, à peu près la seule partie de l'Ancien Testament qui ait eu, chez les Vaudois, l'honneur d'une version en langue vulgaire. Ici de même, les livres de Salomon sont, en dehors du Psautier, les seuls livres de l'Ancien Testament qui aient été copiés à part. Les Proverbes se lisent, en effet, dans le ms. Magl.

Conv. soppr. B. 3.173 (de S. Marie-Nouvelle), les Proverbes et l'Ecclésiaste dans le ms. cl. XL, n° 47 de la Bibliothèque nationale de Florence, très petit volume de poche, écrit d'une jolie écriture italienne du XIVe siècle. Ces deux mss. ont beaucoup souffert de l'usage. Les versions reproduites dans l'un et dans l'autre ne concordent, ni avec celle des bibles de Paris, ni avec le texte du ms. de Sienne, que suit, comme à l'ordinaire, la bible de Jenson. Il faut donc que le livre des Proverbes ait joui d'une grande popularité, pour avoir été traduit quatre fois en italien.

La version du ms. de Sienne, qui est aussi celle de la Bible de Jenson, a ceci de particulier, que le dernier chapitre, qui comprend les paroles du roi Lemuel et l'éloge de la femme vertueuse, est allongé par un commentaire très étendu.

SIENNE F. III. 4.

Queste sono le parabole de Salamone figliuolo del re Davit re d'Israel, [2] per dare sapiençia e disciprina, [3] per intendere parole de la prudença e arricievare l'amaestramento de la dottrina e la giustiçia, giudicio ed egusto, [4] perciò che a' fanciulli sia donato astuçia e a' giovani sciençia...

XXXI. [1] Qui inchomincia Salamone a rrichordarsi chome sua madre l'insengnò e chastichò, e dicie : Queste sono le parole del re Samuel e la visione chome la sua madre lo indottrinò. La madre, ciò fu lo Spirito santo....

B. N. ITAL. 3.

Parabole di Salamone figliuolo di David re d'Israel, [2] le quali sono a ssapere sapiencia et disciplina [3] et ad intendere parole di prudencia et amaestramento di doctrina et ad inprendere justicia et judicio et equitade, [4] acciò cche sia dato soctilitade de ingengno a lli parvoli et a lli giovani sia dato sciencia et intellecto....

MAGLIAB. CONV. SOPPR. B. 3. 173

Queste sono le paraule di Salamone figluolo di Davis lo rei d'Isdrael, [2] per donare sapiensia et disciplina [3] et ente[n]dre paraule di savere et per ricevere verace doctrina per sapere justisia et gudichammento et dirictura, [4] però che alli fanti sia donata avedimento et alli giuveni sciensia et entendimento....

MAGLIAB. CL. XL. C. 47.

[Parabole] di Salamone figliuolo di David re di Gerusalem, [2] ad sparare sapere et amaestramento, [3] et ad intendere parole piene di prudentia ed a ricevere corregimento... (la suite est illisible).

On peut voir, par ces quelques extraits, que le texte des

manuscrits de Paris semble apparenté, quoique d'assez loin, à celui du ms. de Sienne et de la Bible de Jenson. Il serait difficile d'en dire autant des deux versions contenues dans les mss. de Florence. La version du ms. Magl. XL. 47 est en effet une traduction libre, et celle du ms. de Sainte-Marie-Nouvelle est en partie une paraphrase.

De l'Ecclésiaste nous avons trois versions. Celle du ms. de Sienne F. III. 4, que suit l'édition de Jenson, est libre; la traduction du ms. Magl. XL. 47 est quelque peu paraphrasée (le commencement de l'Ecclésiaste manque dans ce ms.); la version des deux mss. de Paris est littérale.

SIENNE F. III. 4.	B. N. ITAL. 3.
Parole dette de lo Eclesiastes quistionatore figliuolo del re Dàvit re di Gierusalem. [2] Vanitate vana, disse il disputatore, vanità è vota, e ogni chosa sia niente...	Parole de Ecclesiastes figluolo di David re di Jerusalem. [2] Vanità de le vanitade, dixe Ecclesiastes, vanitade de le vanitati, et tucte le cose sono vanità...

Je ne citerai que la fin du ms. Magl. XL. 47 :

XII, [13] Fine d'ogne parola e di favellare questo è, e ogne huomo si venga ad udire. Temi messer Domenedio e serva i suoi comandamenti, e questo è ogne huomo. [14] E ciòe ke si farà, farà Dio portare al judicio per ogne errore e d'ogne bene e d'ogne male che sia.

Pour la fin de l'Ancien Testament, nous n'avons, autant qu'il semble, qu'une seule traduction, à part les variantes de détail. Je n'y insiste pas, pour ne pas prolonger cet examen. Dans toute la fin de l'Ancien Testament, la division en chapitres est à peu près, dans tous les mss., celle de la Vulgate actuelle. Dans les mss. de Paris on trouve, mêlées au texte de Baruch et des petits Prophètes, un grand nombre de petites gloses interprétatives, qui sont sans intérêt.

Nous savons dès à présent que les plus anciennes de nos versions de l'Ancien Testament étaient libres, et qu'elles ont été faites sur un texte où était marquée une ancienne disposition des chapitres. Il nous faut étudier ce texte de plus près.

Il a circulé dans le nord de l'Italie, jusqu'un peu après le milieu du XIIIe siècle, une famille de textes très reconnaissables et qui avaient, autant qu'on en peut juger, un système de chapitres analogue. Ces textes sont caractérisés par un certain nombre de leçons qui ne se rencontrent jamais ailleurs[1]. Or quelques-unes de ces leçons ont passé dans nos textes :

Ex. xxxiv, 28 : *Stetit ibi cum Domino Moyses.* — Istette adunque quine Moyses cho'l Singnore (Sienne F. III. 4; cf. B. N. 1).

Num., iii, 45, fin : *In præceptis meis ambulent.* — Se eglino observaranno i miei chomandamenti (Sienne F. III. 4 = B. N. 1).

Jer., xxv, 28 : *Deus Israel.* — Il Dio d'Israel (B. N. 2).

A moins donc qu'il soit prouvé que l'usage de l'ancien texte latin s'est continué plus longtemps que nous ne croyons, nous devons penser que l'Ancien Testament a été traduit dans le nord de l'Italie, vers le milieu du XIIIe siècle ou peu après.

Nous allons voir qu'on a fait entrer dans cette traduction une version du Psautier, très probablement antérieure, et dont le caractère et l'origine sont tout différents.

III. — LE PSAUTIER

Nous possédons cinq mss. et deux textes imprimés du Psautier toscan, plus trois copies des Psaumes pénitentiaux et deux mss. d'un Psautier d'un autre caractère, dont le dialecte est vénitien. Tous ces textes, les vénitiens exceptés, représentent des états différents d'une même traduction. Je vais les énumérer en les classant d'après leurs affinités :

1. Florence, ms. Palatin 2, paraissant du XIVe siècle. Psautier avec les Cantiques. Préface : « David fu padre di Salamone... »

2. Bible, Sienne F. III. 4. Psautier sans préfaces, avec les Cantiques.

3. Bible de Jenson. Psautier sans les Cantiques. Préfaces : « Essendo David figliuolo di Jesse... Essendo già per altro tempo a Roma... »

4. Bible de Malherbi. Préfaces : « Io so esser alquanti che pensano... In tal guisa el psalterio... Essendo io a Roma... Essendo David figluol di Jesse... » Le commencement des Psaumes diffère seul de la Bible de Jenson.

5. Bible, B. N. it. 3. Psautier avec les Cantiques. Préfaces : « David figliuolo di Jesse... Essendo yo a Roma... »

6. Bible, B. N. it. 1. Même texte que le précédent.

7. Laurentienne XXVII, 3, paraissant du XVe siècle. Psautier avec les Cantiques, sans préfaces.

8. Marciana it. I. 57. Psautier en dialecte vénitien, avec Cantiques et sans préfaces. XIVe siècle.

---

1. *Histoire de la Vulgate pendant les premiers siècles du moyen âge*, p. 141.

9. Vicence 2.10.5. De 1447. Texte semblable au précédent.
10. Magl. XL. 41. XIVe siècle. Psaumes pénitentiaux, avec Cantiques.
11. Ricc. 1356. XIVe siècle. Psaumes pénitentiaux.
12. Magl. XXXVII. 47. De 1466. Même texte.
13. Marucelli C. 300. XVe siècle. Même texte.

a. *Le Psautier toscan.*

Le Psautier que représentent presque tous nos textes n'est, en grande partie, pas traduit du latin, mais du français. J'en donnerai la preuve en rapprochant du texte de nos plus anciens mss. celui des meilleurs mss. de la Bible française [1]. Je souligne, dans l'un et l'autre texte, les additions à la Vulgate, les inexactitudes et les interversions.

SIENNE F. III. 4.

PSAUME I : Beato è quell'uomo che non andò nel chonsiglio de' malvagi e non istette ne la via de' pecchatori e non sedette in chattedra di pistolençia. [2] Ma la sua volontà *sarà* ne la leggie del Nostro Singnore e *in quello* penserà il dí e la notte. [3] Et sarà sí chome l'arbolo piantato al lato al chorso dell'aqua, che darà il frutto suo nel tenpo suo, e la sua foglia non *chaderà*, e cciò che farà *sarà in prosperità*. [4] *E gli malvagi non saranno di tale maniera*, ma ssaranno sí chome la polvare che 'l vento *lieva di la terra*. [5] Et però non risuciteranno li malvagi nel dí del giudicio, né i pecchatori nel chonsiglio de' giusti. [6] E perciò à chonosciuto el Singnore la via de' giusti, e la via de' pecchatori periràe [2].

ARSENAL 5056.

Beneūrez *est* li homs qui n'ala pas ou conseil des felons, et qui n'estut pas en la voie des pecheūrs, et qui ne sist pas en la chaiere de pestillance. [2] Mes sa volonté *est* en la loi de Nostre Seingneur, et en la loi d'icelui pensera par jour et par nuit. [3] Et il sera come li fuz qui est plantez delez le decorement des eves, qui donnera son fruit en son temps, et sa fueille ne *charra* pas, et tout ce que il fera *sera touz jorz en prosperité*. [4] *Li felon ne seront mis en tele maniere*, mes ausi come la pouldre que li venz *lieve de la terre*. [5] Et porce ne ressordront mie li felon en jugement, ne les pecheūrs ou conseil des justes. Por ce a conneū Nostre Sires la voie des justes, et la voie des felons perira.

---

1. L'état du texte du Psautier français est tellement confus, que j'ai dû prendre mes exemples tour à tour dans deux mss. Si j'en ai usé de même pour le Psautier italien, c'est uniquement parce que mes notes n'étaient pas complètes, mais les textes contenus dans les Bibles italiennes concordent tous parfaitement entre eux.

2. Variantes des manuscrits, non compris les Psautiers vénitiens et celui de Malherbi, et sans les variantes orthographiques : 1 *il quale non è ito* :

Je n'insisterai pas sur la ressemblance de ces deux textes. Si l'on veut en juger, que l'on compare notre texte au Psautier dit de Montebourg, qui est pourtant la source première d'où est sorti le texte français que nous citons. Mais il suffira de faire remarquer que les mots *I malvagi non saranno di tale maniera* ne sont nullement la traduction de : *Non sic impii, non sic*, mais du français : « Li felon ne seront mie en tele maniere. » La suite de notre examen confirmera cette observation.

Remarquons en effet la manière dont sont rendus les premiers mots du Psaume XLIV, *Eructavit cor meum verbum bonum* :

MS. PALAT. 2.

[2] Il mio cuore *mandò fuori per la bocca* buona parola, dico io le mie parole al re. La lingua mia *è come* penna allo iscrivano che scrive tosto : [3] *Tu sse'* bello in tua forma dinançi a' figliuoli [degli uomini], gratia è sparta a' tuoi labbri, perciò t'à Idio benedetto sempre. [4] *Tu sse' potentissimo* : cingniti la spada tua sopra la tua coscia....

N. B. FR. 899.

[2] Mon cuer a routé bone parole, *ce est a dire mon cuer a mis fors par ma bouche bone parole*, ge di mes oevres au roi. Ma langue *est come* li chalemeaus a l'escrivain escrivant tost *et isnelement*. *Tu es* beaus de forme devant toz les filz des homes, grace est espandue en tes levres, porce t'a Dex beneï pardurablement. [4] *Tu qui es tres poissanz*, ceing toi de t'espée sor ta cuisse...

Le texte français que nous venons de citer ne correspond pas absolument au texte italien. Celui-ci se retrouverait plutôt, pour les premiers mots du moins, dans le manuscrit 2035 de l'Arsenal :

Mes cuers a mis fors par la bouce bonne parolle....

Voyons encore les premiers mots du Psaume LI, *Quid gloriaris in malitia, qui potens es in iniquitate?*

Jenson. — *degli impii* : Jens. — *degli empi* : Pal. — 2 *fu* : B. N. 3. Jens. — *fue* : B. N. 1. — *quella* : Laur. Pal. B. N. 1. 3 — *nella sua leggie* : Jens. — 3 *nel suo temporale* : B. N. 1. 3 — *acque* : Jens. — 4 *di terra* : Laur. B. N. 1. 3 — *gli impii* : Jens. — *rimove* : Jens. — 5 *Et inperò* : Laur. Pal. — *Et imperciò* : B. N. 1. 3 — *resurgiaranno* : Laur. — *resurgeranno* : B. N. 1. 3 — *gli impii* : Jens. — *del giudicio* : B. N. 1. 3 — 6 om. *e* : Laur. B. N. 1. 3. Jens. — *Perciò che* : Pal. 2.

MS. PALAT. 2.

3 Perche tti glorii in malitia, *perchè sse'* potente *a far* male? 4 La tua lingua pensa tutto dí ingiustitia ed è fatto com' uno rasoio a ffare cose rie et inghannevoli. 5 Tu amasti malitia più che bene et *parlasti* iniquitadi più che dirittura. 6 La tua lingua trecerarìa dice molte parcle da ffare cadere altrui....

N. N. FR. 899.

3 Porquoi te glorifies tu en malice *et porquoi es tu* poissans *a fere* iniquité? 4 Ta langue pensa toute jor injustice, tu feïs tricherie comme rasoir bien trenchant. 5 Tu amas malice plus que deboneretè, et *a parler*, iniquité plus que a parler leauté. 6 O tu langue tricherresse, tu amas toutes paroles de trebuchement....

Nous voyons que l'élément français est très fort dans notre Psautier. Il n'en va pas de même de toutes les parties du livre, mais prenons un dernier exemple dans le Ps. CXXXVI :

MS. PALAT. 2.

Noi siamo sopra i fiumi di Banbillonia *et quivi* piangeremo quando ci ricordavamo *di te*, Syon. 2 *Noi appiccamo* i nostri orghani in salci *ch'erano* in meçço di lui. 3 Coloro che cci menavano *presi in captivitadi* diceano parole di cançone. Coloro che cci menavano presi *diceano a nnoi* : Diteci delle cançoni di Sion. 4 *Et noi risponde(re)mo* : Come canteremo il canto del Signore in terra aliena? 5 S'io dimenticherò te, o Gerusalem, la mia destra sia data in dimenticança. 6 La mia lingua s'appicchi al mio palato, s'io non mi ricordo di te et s'io non metto Jerusalem nel cominciamento di mia letitia. 7 *Signore*, sieti [a mente] di figliuoli di Edon nel dí di Gerusalem, che dissono : *Apicciatela, apiccalatela* in fino a' fondamenti. 8 Figliuola di Banbillonia misera, beato chi tti retribuirà guidardone tuo il quale retribuisti a nnoi. 9 Beato chi terrà et percoterà alla pietra i suoi pargholi.

B. N. FR. 899.

Nos seismes seur les flueves de Babyloine et plorasmes *iluec* quant nos nos recordasmes *de toi, o tu* Syon. 2 *Nos pendismes* nos instrumenz de chanter es sauz *qui estoient* en mi icele. 3 Cil qui nos menerent *en chetivoison* nos demanderent iluec paroles de chantement... et cil qui nos menerent *nos distrent* : Chantez nos loenges des chancons de Syon. 4 *Et nos respondimes* : Comment chanterons nos la chancon Nostre Seignor en estrange terre? 5 O tu Gerusalem, si ge t'oublie, ma destre soit donée a oubliance. 6 Ma langue aherde a mes joées, se ge ne met Gerusalem devant el commencement de ma liéece. 7 *Sire*, remembre toi des filz Edom el jor del jugement.... Il dient : Vidiez, vidiez en cel desi au fondement. 8 O tu fille de Babyloine, tu es maleürée. Cil soit beneoit qui te rendra le mal que tu nos as fait. 9 Cil sera beneoit qui tendra tes enfanz et les hurtera a la... pierre.

Sauf un seul, les mots soulignés sont exactement les mêmes dans l'une et l'autre version. Les additions : *di te Syon, ch'erano, presi in captivitade, diceano a noi, e noi rispondemo,* ne laissent place à aucun doute.

Voici encore une ressemblance entre les Psautiers français et italiens : Nos deux meilleurs mss. italiens comptent plus de 150 psaumes; le ms. Pal. 2, le plus ancien, en a 175, et celui de Sienne en a 180. Ce système de numérotation, qui provient de ce que le Ps. CXVIII est compté comme vingt-deux psaumes, est presque sans exemple dans les mss. latins, mais il est usuel dans les traductions françaises. Le plus grand nombre des mss. français, en effet, comptent de 171 à 174 psaumes.

Le Psautier italien a donc été traduit, en partie sur le latin, en partie sur le français, et la part du français n'est pas la moindre.

Je montrerai plus tard comment les Psaumes pénitentiaux, tels qu'on les a quelquefois copiés à part, sont une paraphrase du même texte.

b. *Le Psautier vénitien.*

Le Psautier vénitien diffère absolument du précédent. Comme je l'ai dit, il nous est parvenu dans deux manuscrits :

Marciana cl. I. it. 57, XIVe siècle, signé d'un monogramme qui peut se lire *Giovanni dei Rixi*.

Vicence 2. 10. 5, daté de 1447 et signé de *frate Lazero da Vinexia rumito, habitadore in Verona*.

Je dois en donner quelques extraits. Je suis le manuscrit de Venise qui est le plus ancien :

[Beato[1] lo homo lo quale n]onn è andado in lo conseio di malvasi et in la via di peccadori non è stado, né in la cariega de la pestilencia non à sedudo. [2]Ma in la leçe del Segnore la voluntà soa et in la soa leçe penserà lo dí e la note. [3]Et serà come legno plantado appresso el descorente de le aque, lo quale darà lo so fructo nel tenpo so, e la foglia de quello non deschaçerà, et tutte et caschadune cose ch'el farà prosperanno. [4]Non cussí i malvasii, non cussí, ma come polvere lo quale buta el vento de la façа de la terra. [5]Et imperçò non leverano suso li malvasii nel çudisio, né li pecca[dori in lo consiglio de li justi. [6]Perché lo Segnore sa la via de li zusti, desfarà lo andare de li malvaxi.]

Ps. XLIV : [2]Spanto à fuora lo cor mio bona parola, io dico le opere mie a lo re. La mia lengua è la pena del scritore che scrive veloçemente. [3]Specioso de forma sopra[2] li figlioli de li homini, diffusa è la gratia in li labri toi, et

1. Complété d'après le ms. de Vicence.

2. Vicence, partout : *sora*.

imperçò te benedirò in eterno. [4]Acinçite cum lo gladio to sovra lo femorale potentissimamente...

LI : [3]Perchè te glorii in la mal[icia], lo quale si[e'] possente in l'[iniquitade]?...

CXXXVI : Sopra li flumini de Babilonia in quello logo sedessemo et plançessemo, mentre che nui se recordaressemo de ti, Syon. [2]In li salixi in meço de quello suspendessemo li organi nostri. [3]Perchè in quello logo i domandano nui li quali menarono nui prexi parole de cançone, et li quali menarono nui : Cantate ymno a nui de li cantiçi de Syon. [4]Perchè modo canteremo lo cantico del Segnore in la terra forestiera? [5]Se io serò desmentegado de ti, Jherusalem, sia dado a desmenteganca la dextera mia. [6]Apoçise la lengua mia ale mie maxelle se io non me arecorderò de ti, se io non meterò inançi Jherusalem in lo principio de la mia letiçia. [7]Sei recordevole, Segnore, de li fioli de Edon in lo dí di Jherusalem, li quali dicone : Destruçitive, destruçitive in fina al fundamento in quella. [8]Fiola de Babilon misera, beado chello che retribuerà a ti la retribuçione toa la quale tu retribuisti a noi. [9]Beato quello che tegnirà et ferirà li piçoli soi a la piedra.

La langue de ce morceau n'est pas l'ancien vénitien, c'est du toscan copié à Venise. Cette traduction diffère pourtant essentiellement de la traduction ordinaire des Psaumes, malgré quelques ressemblances qui sont probablement dues à l'usage courant.

IV. — LES ÉVANGILES

a. *Les Evangiles toscans.*

A l'exception de quelques textes dissidents, très peu répandus et dont nous ne parlerons pas en ce moment, il n'a existé au moyen âge qu'une seule traduction des Évangiles en italien. Les mss. en sont nombreux : nous n'en avons pourtant qu'un petit nombre qui contiennent le texte complet des quatre Évangiles. Ce sont les suivants :

Riccardiana 1252. Seconde moitié de la Bible. XIVe siècle.
Marciana I. it. 2. Nouveau Testament. Écriture bolonaise du XIVe siècle.
Laurentienne XXVII, 3. De l'an 1395.
Riccardiana 1250. Nouveau Testament. XVe siècle.
B. N. it. 4. Bible datée de 1472.
B. N. it. 2. Bible. XVe siècle.

Il faut d'abord y joindre les manuscrits suivants :

Riccardiana 1538. Saint Matthieu. Commencement du XIVe siècle.
Magliab. XL 41. Extraits des Évangiles. XIVe siècle.
Riccardiana 1787. Évangiles glosés. XIVe-XVe siècle.

Nous rangerons à la suite de ces neuf mss. huit mss. de l'Harmonie des Évangiles, dite *Quatuor in unum*[1], et sept mss. des Épîtres et Évangiles des dimanches et fêtes[2], soit en tout vingt-cinq mss., sans parler des Évangiles glosés par fra Simone da Cascia[3] et de quelques textes divergents que nous examinerons à part.

Le Nouveau Testament commence, dans le ms. Riccardi 1252, par une rubrique qui rappelle celle que nous avons trouvée en tête de la Genèse :

Qui si comincia lo testamento nuovo, et però è decto nuovo però ke llo vekio tracta d'altre cose et d'altre figure ke non fa il nuovo. Et primo qui apreso diremo de' santi evangelisti, cioè de' vangelii, et seguitando le pistole canonike et le pistole del beato sancto Paolo apostolo di Jhesù Cristo[4] et poi delli acti delli apostoli. Et alla fine di questo libro diremo della Pocalipsa di sancto Giovanni evangelista...

Questo libro sí è della generatione di Jhesù Cristo figluolo di Davit...

Il convient de donner quelques extraits des Évangiles d'après le même ms. Nous y joindrons quelques variantes choisies dans les autres mss. et, pour l'oraison dominicale, nous mettrons en regard le texte du ms. Ricc. 1250, qui se rapproche parfois davantage de la tradition ordinaire.

Ms. RICCARDI 1252.	Ms. RICCARDI 1250.
MATTH., VI : 9 Padre nostro ke sse'[5]	Padre nostro lo quale se' in cielo,
in celo, si[a s]antificato il nome tuo.	sia santificato il nome tuo. 10 Pervenga
10 Advegna[6] il regno[7] tuo. Sia facta	il regno tuo. Sia fatta la volontà tua

1. Ricc. 1356 (1372) et 1749 (XIVe siècle); Laur. XXVII, 8 (*id.*); Sienne I. V, 9 (*id.*); Ricc. 1354 (XIVe-XVe s.) et 1304 (*id*); Magl. *Conv. S.* I. IV, 9 (XVe s.). — Magl. *Conv. S.* C. 3 175 (fin XIVe s. — traduction différente).

2. Pal. 3 (XIVe s.); Ricc. 2335 (*id.*); Magl. *Conv. S.* F. 5. 178 (XVe s.) et I. IV. 9 (*id.*); Ricc. 1400 (*id.*); Laur. Ashb. 1250 (XVe s.); Ricc. 1657 (1410).

3. Magl. *Conv. S.* E. 1.1336; Laur. Ashb. 545 et 730.

4. J'écris partout *Cristo*. C'est la seule orthographe que je trouve dans les mss. (Ricc. 1382. 2335. Marc. I. 3); *Christo* ne se lit que dans le ms. B. N. 4, qui est récent.

5. *Lo quale se'* : Laur. XXVII, 3 ; *il quale se'* : Ricc. 1304. 1749. B. N. 2. 4; *el qual sei* : Malherbi. Jenson.

6. *Avegna* : Marc. I. 2. B. N. 2. 4. Magl. XL. 41 (*bis*). Ricc. 1356. Magl. *Conv. S.* C. 3.175 ; *venga* : Jens. ; *vegnia a noi* : Ricc. 1304 ; *fammi venire al r. t.* : Sienne F. III. 4 (Ps.); *fa a me*, etc. : Pal. 2 (Ps.); *fanne*, etc. : B. N. 1 et 3 et Laur. XXVII, 3 (Ps.); *fa ch'io venga* : Malh.

7. *Reame* : B. N. 2. 4.

la volontà tua nella terra sí ccome è
in celo[1]. [11]Il pane nostro sopra tucte
le sustantie[2] da[3] a nnoi oggi, [12]et
perdona[4] a nnoi i nostri debiti[5], sí
ccome noi perdoniamo[6] a' nostri debitori[7], [13]et non ci menare[8] nelle tentationi[9], ma afrankiscici[10] da ogni
male[11].

sí come in cielo e in terra. [11]Pane nostro cotidiano dà noi oggi, [12]et perdona a nnoi i debiti nostri, sí come noi
lasciamo a' nostri debitori, [13]e no llasciare (*ms.* : lasciate) cadere noi nelle
tentationi, ma libera noi dal male.

Ms. Riccardi 1252.

MATTH., XXI, 1 : Et con ciò sia cosa ke ssi aprossimasse[12] a Jerusalem a Befa-
gie[13] al monte Oliveto, allora[14] mandò Cristo duo de' suoi discepoli, [2]dicendo

---

1. *Com' è f. in c. cosi sia f. in t.* : Ricc. 1787 ; *sí ccome ella è in c. cosí sia in t.* : Magl. XL, 41 (Ps.); *in t. chom' ella è in c.* : Laur. XXVII, 3 (Ps.); *sí ccome in c. et in t.* : Laur. XXVII, 3 ; *com' ella è in c. cosi sia in t.* : Sienne I. V. 9.

2. *K'è sopra tute le sust.* : Ricc. 1538 ; *soprasubstantiale* : Malh. ; *substantiale* : Ricc. 1304. 1787. Jens. ; *cotidiano* : B. N. 2. Laur. XXVII, 3 et les Psautiers B. N. 1. Laur. XXVII, 3. Sienne F. III. 4. Pal. 2 et Magl. XL. 41 ; *cotidiano soprasostanziale* : Ricc. 1356.

3. *Da llo* : B. N. 1 (Ps.); *continuo da* : Ricc. 1538.

4. *Dimetti* : Ricc. 1787.

5. *Pecchati* : Sienne F. III. 4 ; *peccati* : Pal. 2 ; *offese* : Ricc. 1787.

6. *Lasciamo* : Laur. XXVII, 3 ; *dimettiamo* : Ricc. 1787 ; *dimittiamo* : Ricc. 1304.

7. *A coloro che ànno peccato in noi* : Magl. XL. 44 ; Ricc. 1787 ajoute : *che offendono noy.*

8. *Conducere* : les Psautiers Pal. 2. B. N. 1 et Laur. XXVII, 3 ; *chonduciere a entrare* : Sienne F. III. 4 ; *inducere* ; B. N. 2. 4. Ricc. 1356. Magl. XL. 41 (Ps.). Jens. ; *indugiere, cioè non ci riprometlere d'esser indutti* : Ricc. 1787 ; *no llasciare noi cadere* : Laur. XXVII, 3 ; *permetere intrare* : Ricc. 1304. Sienne I. V. 9.

9. *Nella tentatione* : Ricc. 1304. 1749. Sienne F. III. 4 (Ps.). Laur. XXVII, 3 (Ps.). Malh. ; *nelle tentatione* : Marc. I. 2 ; *in tentatione* : B. N. 1. 2. 4. Ricc. 1787. Jens. ; *in elle t.* : Pal. 2.

10. *Afranchiscici* : Marc. I. 2 ; *afranchisci* : Magl. *Conv. S.* C. 3. 175 ; *franchischici* : Magl. XL. 41 ; *franchanci* : Ricc. 1538 ; *liberaci* : Ricc. 1304. 1356. 1749. Sienne F. III. 4. I. V. 9. Jens. ; *liberacci* : B. N. 2. 4 ; *liberace* : Malh. ; *deliberaci* : B. N. 1 (Ps.). Pal. 2 (*id.*) ; *libera noi* : Laur. XXVII, 3 ; *anzi ci libera* : Ricc. 1787.

11. *Da male* : Ricc. 1538 ; *dal male* : tous les autres.

12. *Et essendo appresso*, etc. : B. N. 2. 4 (*appressato*) ; *et apressandose* : Malh. Jens. Ricc. 1787 (*si*).

13. *Befage* : B. N. 2 ; *Beffage* : Sienne I. V. 9 ; *Betfage* : B. N. 4. Malh. Jens. ; *Befagem* : Laur. XXVII, 3 ; *Betfagem* : Ricc. 1250 ; *Bettagee* : Ricc. 1304 ; *Bathisagis* : Ricc. 1787 ; *Bettania* : Magl. *Conv. S.* C. 3. 175.

14. Om. B. N. 2. 4.

a lloro : Andate nel castello il quale sí è contro a voi, et incontanente troverrete l'asina[1] legata e 'l puledro[2] collei, et iscioglieteli et menateli a mme. [3]Et se alcuno dirà a voi alcuna cosa, dite ke il Signore à bisogno di questi[3], et incontanente lascerà a voi. [4]Ma questo tucto è facto acciò ke s'adenpiesse quello k'è decto per lo profeta dicendo[4] : [5]Dite alla figluola di Syon : Ecco il re tuo viene a cte mansueto, sedendo sopra l'asina e 'l poledro figluolo della soggioghata.[5] [6]Ma andando i discepoli fecero secondo ke comandò loro Cristo[6], [7]et menaro l'asina e 'l poledro, et puosero sopra esso le vestimenta loro et fecero sedere di sopra. [8]Ma molte turbe distesero[7] le vestimenta loro per (*corr.* : ne) la via, ma altri taglavano rami d'albori et distendealli[8] per la via. [9]Ma le turbe le quali andavano innançi et quelle ke seguitavano[9] gridavano dicendo : Facci salvi[10], figluolo di David, benedecto è quelli ke viene nel nome del Signore. Facci salvi nell' alte cose[11] !

LUC, XV, 11 : Uno huomo ebbe[12] due figluoli, [12]et disse lo più giovane di quelli[13] : Padre, dammi la parte mia della nostra sustantia[14]. [13]Et non dopo

---

1. *Una somaia* : Magl. *Conv. S.* C. 3. 175.

2. *Poltruccio* : Ricc. 1787. Sienne I. V. 9; *e'l poltruccio suo co llei sopra il quale non sedette nullo huomo* : Ricc. 1304.

3. *Desidera l'opere sue* : Ricc. 1304; *n'à bisogno* : Ricc. 1787.

4. *Dicente* : B. N. 2. 4; *dicendo ai figliuole di pacie* : Magl. *Conv. S.* C. 3. 175.

5. *Pultruccio* : Ricc. 1250. Laur. XXVII, 3 ; *et sopra il suo figluolo soggiogale* : Ricc. 1250. Laur. XXVII, 3 ; *el pol. suo subjugale* : Malh. ; *il poltruccio figliuolo dell' asina domata*. Ricc. 1787; *poltr. dell' asina domata* : Ricc. 1304. Sienne I. V. 9.

6. *Giesù* : Marc. I. 2. B. N. 2. Longue paraphrase dans Ricc. 1304.

7. *Sparsero* : Ricc. 1250. Laur. XXVII, 3.

8. *Gittevano* : Ricc. 1250. 1304. 1787 (*gitterono*). Magl. *Conv. S.* C. 3. 175. Laur. XXVII, 3; *spandevanle* : Ricc. 1787. Glose dans Ricc. 1304.

9. *Andavano di dietro* : Ricc. 1250. Laur. XXVII, 3; *veniano di dietro* : Ricc. 1787.

10. *Salvaci* : Ricc. 1304 (*bis*). Malh. et Jens. (*bis*); *Osanna al figliuolo di David, cioè Salvatore salvacci* : Ricc. 1787.

11. *Salvaci ne' luoghi altiximi* : Ricc. 1250. Laur. XXVII, 3 ; *Salvaci, che abiti tua alti* : Ricc. 1304; *Salvaci, te precchiamo, in cielo* : Ricc. 1787.

12. *Alcuno h. fu ch'ebbe* : Ricc. 1250. 1354. 1356. Laur. XXVII, 3 ; *Fu uno h. che hebbe* : Jens.

13. *Al padre* : Ricc. 1250. 1354. Laur. XXVII, 3. B. N. 2. 4. Malh.

14. *La parte che mmi toccha di quello che noi abbiamo* : Ricc. 1250. 1354. 1356. 1749. Laur. XXVII, 3 ; *la p. mia de quello che mi tocha* : Jens.; *la p. de la heredità che mmi toccha* : B. N. 2; *la p. d. hereditade che mi tocca* : B. N. 4 ; *la p. della roba che mi toccha* Ricc. 1787; *la p. de la s. che me aspecta* : Malh. — *E 'l padre*

molti dic raghunò tucte le parti delle cose sue[1] lo più giovane figluolo et
andone malandrinando[2] inn uno paese alungi[3], et là distrusse et scialacquò[4]
la sustantia sua vivendo luxuriosamente. 14 Et poi k'ebbe consumate tucte
cose, venne grande fame in quella provincia[5], et elli incominciò ad avere
bisogno[6]. 15 Et andò[7] a uno di quelli cictadini di quella provincia, et quelli lo
mise[8] nella villa sua a pascere li porci. 16 Et disiderava costui[9] d'enpiersi lo
ventre suo dello rimanente di quello[10] ke mangiavano li porci, et neuno
huomo non gle ne dava. 17 Et ritornò in sé medesimo et disse: Quanti mar-
cennai[11] àe in casa del padre mio, et abondano di pane, et io muoio qui di fame.
18 Leveromi[12] et andronne al padre mio, et dirò a llui: Padre, io òe peccato
in celo et dinanzi da cte, 19 et già non sono degno d'essere kiamato tuo figluolo. Fa' a mme sí ccome a uno de' tuoi mercennai[13]. 20 Et levossi et venne al

---

glel divise: Ricc. 1250. 1354. 1356. Laur. XXVII, 3; *et egli lor divise la substancia*: Malh.; *e'l padre cosí fece*: B. N. 2; *et il patre dieteli*: Jens.; *et partie loro la roba*: Ricc. 1787.

1. *Della sua parte questo f.*: B. N. 2. 4; *che ebbe*, etc.: Jens.; *tutte le cose*: Jens.; *tutte le sue cose*: Ricc. 1250; *ogni cosa*: Ricc. 1354. 1356. 1787. Laur. XXVII, 3.

2. Om. Ricc. 1250. 1354. 1356, 1749. Laur. XXVII, 3; *peregrinando*: B. N. 2. 4. Malh.

3. *In lontano paese*: Ricc. 1250. 1354. Laur. XXVII, 3; *in p. lont.*: Ricc. 1749; *in lungo paese*: B. N. 2. 4; *ne lontana regione*: Malh.

4. *Et vi scialacquò*: Ricc. 1787; om. caeteri.

5. *Contrada*: Ricc. 1250. 1354. 1356. 1749. 1787. Laur. XXVII, 3; *paese*: B. N. 2. 4.

6. *Carestia del pane*: Ricc. 1787; *tanta charistia chè la fame v'era grandissima*: Jens.; *fame e a bisogniare*: Ricc. 1250. 1356; *a bisongnare e avere fame*: Laur. XXVII, 3; *ad abisognare*: Ricc. 1356.

7. *Et per schampare la vita sua dalla fame puosesi per fante de*: Jens.; *et puosesi a stare con*: Ricc. 1250. Laur. XXVII, 3; *et andò a stare*: Ricc. 1354. 1356. 1749; *et andò et accostossi*: Ricc. 1787.

8. *Mandò*: Ricc. 1250. 1354. 1356. 1749. 1787. Laur. XXVII, 3. B. N. 2. 4.

9. *Onde egli venne a tanto che d. di saciarse et*: Jens.

10. *De' legumi*: Ricc. 1354. 1356. 1749; *delle mondature delle civaie*: Ricc. 1250. Laur. XXVII, 3; *de quelli cibi*: Jens.; *de le glande*: Malh.; *delle silique, cioè d'uno certo leghume che non c'è di quà*: Ricc. 1787.

11. *Servi conducti per mercede*: Malh.

12. *Ritornerò*: B. N. 2; *ritorneromme*: B. N. 4; *onde io mi voglio levare*: Jens.

13. *Ma fammi secondo che a uno di questi tuoi figluoli e mercennari*: Ricc. 1356; *ma fammi sechondo ch'a un di questi marcienai tuoi*: Ricc. 1354.

padre suo. Et essendo ancora di lungha[1], videlo il padre suo et a misericordia si mosse contro a llui, et correndo il padre cadde sopra lo collo del suo
figluolo et diedeli bacio di pace[2]. 21 Et disse il figluolo al padre : Padre, io
ôe peccato in celo et dinançi a cte, già non sono degno d'essere kiamato tuo
figluolo[3]. 22 Allora disse il padre alli suoi ministri[4] : Rendeteli tosto[5] le
vestimenta primaie[6] et vestitelo, et dielli uno anello nella sua mano, et mec-
teteli le calçamenta nelli suoi piedi, 23 et andate et uccidete[7] lo vitello ingrassato[8], et manikiamo et facciamo allegreça[9], 24 però ke questo mio figluolo era
morto et sí è risuscitato, et era perduto et ôllo ritrovato. Et cominciaronsi a
rallegrare[10] et a mangiare. 25 Et l'altro figluolo[11] sí era nel campo, et quando
venne ad apressarsi a ccasa[12] et elli udío la sanpognia e 'l tanburello[13]. 26 Et elli,
udito questo suono et questo triu[n]pho cosí grande[14], sí kiamò uno de'
servi et domandollo ke cosa questa fosse. 27 Et elli li disse : Lo tuo fratello
sí è tornato e 'l padre tuo l'àe ricevuto[15] et àe ucciso lo vitello ingrassato[16].

---

1. *Et inanzi che vignesse a casa :* Jens.

2. *Et albraciollo et basciollo* : Ricc. 1250. 1354. 1356. 1749. Laur. XXVII, 3. Jens. ; *et correndo li gi si giptò sopra il collo et basciollo :* Ricc. 1787.

3. *Fammi secondo che a uno de' tuoi mercennari :* Ricc. 1356 ; *ma fami*, etc. : Ricc. 1354.

4. *Servi :* Ricc. 1250. 1354. 1356. 1787. B. N. 2. 4. Jens.

5. *Tosto rechate :* B. N. 2. Ricc. 1787 (*fuori*) ; *t. ricate :* B. N. 4 ; *arechate :* Malh. ; *andate tosto et recate :* Ricc. 1250. Laur. XXVII, 3 ; *incontanente recate :* Ricc. 1354. 1356 ; *andate presto et togliete :* Jens.

6. *Il più nobile vestimento :* Jens. ; *principale :* Ricc. 1787.

7. *E menate* : Ricc. 1250. Laur. XXVII, 3. ; *e rechate* : Ricc. 1354.

8. *Grasso* : Ricc. 1250. 1354. 1356. Laur. XXVII, 3 ; *il più grasso* : Malh. ; *et pigliate il v. saginato che è più grasso* : Jens.

9. *Convito* : Ricc. 1250 ; *nozze* : Ricc. 1354 ; *noçça* : Ricc. 1356 ; *noza et festa* : Jens ; *et godiamo* : Ricc. 1787.

10. *A ffare nozze* : Ricc. 1354. 1356 ; *a m. et fare gran festa* : Jens. ; *ad m. et ad festeggiare* : Ricc. 1787.

11. *Allhora il f. magiore* : Jens. ; *Ma il f. maggiore* : Ricc. 1787.

12. *Et questi quando tornava* : B. N. 2. 4. ; *et junto che fu a casa* : Jens.

13. *El sono ella festa grande che ssi faceva* : Ricc. 1250. Laur. XXVII, 3 ; *la sinfonia e llo stormento* : Ricc. 1356 ; *la sinfonia et l'istrumenti* : Ricc. 1749 ; *sonare la sinf. et altri strumenti* : Ricc. 1787 ; *la simphonia et el choro* : Malh. ; *li canti et soni e lgli instrumenti* : Jens. : *çappognia* : B. N. 4 ; *i romore ello stormento* : Ricc. 1354.

14. Omis partout.

15. *Ric. piacevolemente* : B. N. 2. 4.

16. *Grasso* : Ricc. 1354. 1356 ; *grasso saginato* : Jens. — *Perch'egli le ricevette salvo* : Ricc. 1356 ; *perché l'à ricivuto sano et salvo* : Ricc. 1787.

18 Et indegnato lo figluolo et non volea ritornare in casa. Allora uscío fuori
lo padre a llui et cominciollo a preghare[1]. 19 Et elli rispuose et disse al padre
suo : Ecco[2] k'io t'òe servito cotanti anni e 'l comandamento tuo non òe tra-
passato[3], et giammai no mmi desti pure uno caprecto, il quale io colli amici
miei lo mangiasse. 30 Ma tornato questo tuo figluolo, il quale à divorato la
parte[4] sua luxuriosamente[5], tu gl'ài ucciso lo vitello ingrassato. 31 Et allora
disse lo padre a llui : Figluolo, senpre tu sse' meco et tucte le mie cose sono
tue. 32 Ma vieni a[6] mangiare et a ghodere[7], però ke questo tuo fratello era
morto et sí è risucitato, perduto era et ora sí è raquistato.

JEAN I, 1 : Nel cominciamento[8] era il Figluolo di Dio[9] e 'l Figluolo
di Dio era apo Dio et Idio era il Figluolo di Dio. 2 Questi era nel cominciamento[10] apo Dio. 3 Tucte le cose sono facte per lui et neuna cosa è facta
sança lui. Quella cosa k'è facta 4 per lui[11] era vita, et la vita era luce delli
uomini. 5 Et la luce nelle tenebre [lucette, e lle tenebre] no lla conpresono.
6 Fue uno huomo mandato da Dio, il quale avea nome Giovanni. 7 Questi
venne in testimonio acciò k'elli rendesse testimonio del lume, acciò ke tucti
credessero per lui. 8 Non era elli lucie, ma per raportare testimonio del lume.
9 Elli era la lucie veracie, la quale allumina ogni huomo ke viene in questo
mondo. 10 Nel mondo era, e 'l mondo sí è facto per lui, e 'l mondo non
conobe. 11 Nella sua propia carne[12] venne et li suoi no llo ricevectero. 12 Ma
alquanti ke ricevectono lui, diede a lloro podestade d'essere facti figluoli di
Dio, a ccoloro ke credono nel nome suo, li quali non sono nati di[13] sangue né
di volontà di carne né di volontà d'uomo, ma sono rinati[14] da Dio. 14 Et la

1. *A lusinghare* : Ricc. 1354. 1356.
2. *Tu sai* : Jens.
3. *Travalichai* : Ricc. 1787.
4. *Roba* : Ricc. 1787.
5. *Colle meretrici* : Ricc. 1250. 1354. 1356. 1749. 1787. Laur. XXVII, 3.
6. *Conveniasi* : Ricc. 1356; *chonveniensi* : Ricc. 1354; *ci convenia* : Ricc, 1787; *ci convienne* : B. N. 2. 4; *conviensi adunque* : Ricc. 1250. Laur. XXVII, 3; *ma pure si conviene* : Jens.
7. *Fare convito et m.* : Ricc. 1250. Laur. XXVII, 3; *fare festa et convito et m.* : Jens.; *far nozze e gh.* : Ricc. 1354. 1356.
8. *Nel principio* : Ricc. 1250. 1304. Laur. XXVII, 3. Sienne. I. V, 9. B. N. 2. 4; *Sempre* : Malh.
9. *Verbo* : B. N. 3. 4. Jens. (partout).
10. *Principio* : comme plus haut.
11. *In lui* : Ricc. 1304. 1356. Laur. XXVII, 3. Marc, I. 2. Sienne. I.V. 9. B. N. 2. 4. Malh. Jens.
12. *Esso venne nelle propie cose sue* : Ricc. 1250. Laur. XXVII, 3; *nelle propie cose* : Ricc. 1356; *habitacione* : B. N. 2. 4; *terra* : Jens.
13. *Per* (partout) : Ricc. 1250. 1356. Jens.
14. *Nati* : Ricc. 1250. 1356. Laur. XXVII, 3. Març. I. 2. B. N. 2. 4. Jens.

parola[1] sì è facta carne et abitò con noi[2], et vedemo la gloria sua, sì ccome groria d'uomo ingenerato[3] di Padre, pieno di gratia et di verità.

b. *Origine des Evangiles toscans.*

Il nous importe de rechercher les indications que le texte italien des Évangiles nous donne sur son origine.

Les Évangiles sont divisés, dans le ms. Riccardi 1252, en chapitres plus nombreux que ceux de la Vulgate et qui en diffèrent absolument. Il en est de même dans le ms. de la Laurentienne et dans le ms. Riccardi 1538. Ce système nous ramène très probablement à une époque qui ne peut être de beaucoup postérieure au milieu du XIIIe siècle. La traduction, sous toutes ses formes, est plus ou moins littérale, et pourtant, dans les recensions les plus anciennes, on y trouve des libertés singulières. Les rubriques sont du même auteur ou du même éditeur auquel nous devons celles de l'Ancien Testament. Mais nous avons autre chose à faire remarquer au lecteur.

La traduction des mots : *In principio erat Verbum*, *Nel cominciamento era il Figliuolo di Dio*, suffit par elle-même à attirer l'attention. C'est une glose mêlée au texte, et cette glose se rencontre également dans d'autres langues romanes.

En 1295, en Picardie, Guiart Desmoulins traduit : « Au commenchement fu li Fieux », mais la version italienne paraît antérieure à celle du chanoine d'Aire.

Nous nous rapprochons de l'Italie avec les Bibles vaudoises, où nous lisons (manuscrit de Carpentras) : « Lo Filh era al començament. » Telle est également l'expression employée par le manuscrit provençal de Paris (fr. 2425) et, à un autre endroit, par le Nouveau Testament provençal de Lyon; les versions catalanes traduisent à peu près de même[4].

Un seul ms. donne ici, mot pour mot, la même traduction que la Bible italienne, c'est le dernier découvert des mss. provençaux de la Bible, B. N. fr. 6261[5], dans lequel l'Évangile

1. *E llo Figluolo di Dio* : Ricc. 1250. 1356. Laur. XXVII, 3; *e'l verbo* : B. N. 2. 4. Jens.

2. *In noi* : B N. 2. 4. Jens.; *tra noi* : Ricc. 1356.

3. *De l' unigenito* : Ricc. 1250. 1356. Laur. XXVII, 3. B. N. 2. 4.

4. *Romania*, XVIII, 400 et XIX, 537.

5. *Romania*, XIX, 543.

selon saint Jean commence ainsi : « En lo comensamen era lo Filh de Dieu e lo Filh de Dieu era am Dieu. »

Le lecteur n'a pas manqué, sans doute, de remarquer la singulière traduction du mot *Hosanna filio David* : *Facci salvi* (ou *salvaci*), *figliuolo di David!* Le manuscrit provençal que nous venons de citer traduit de même : « Salva nos, filh de David! » La Bible vaudoise s'inspire de la même tradition en traduisant un peu différemment : « Diçent al filh de David : Fay nos salf[1] ! »

Les Évangiles italiens forment si bien famille avec les divers textes provençaux, que c'est tour à tour dans chacun de ceux-ci que nous devons chercher les parallèles des singularités de notre version. C'est au ms. de Lyon que nous nous adressons pour expliquer la traduction étrange du nom de Didyme, qui était le surnom de saint Thomas[2] :

JEAN, XI, 16 : *Thomas, qui dicitur Didymus.* — *Thoma*[3], *il quale è decto incredulo.* — Ms. de Lyon : « Tomas, que es ditz no crezentz ».

Ib., XX, 24 : *Qui dicitur Didymus.* — *Didimo, cioè incredulo.* — Lyon : « loquals es ditz no crezentz ». — B. N. fr. 2425 : « mescrezens. »

Ib., XXI, 2 : *Didymus.* — *incredolo.* — Lyon : « no crezent ». — A ces divers endroits, la Bible vaudoise traduit « dubitos ».

En général, notre version a pour base le même texte latin qui était en usage au Midi de la France et particulièrement en Languedoc, jusqu'après le milieu du XIIIe siècle :

MATH., XXIV, 27. Vulgate : *fulgur.* — Italien : *il sole.* — Bible vaudoise (sans un seul ms. latin) : « lo solelh. »

MARC, VI, 3 : *figliuolo del fabro e di Maria.* — *fabri filius et Mariae* : anciennes versions, textes irlandais, espagnols et méridionaux.

LUC, II, 33 : *Et era Joseph et Maria et maravigliavansi molto Joseph et Maria.* — *Et erat Joseph et Maria mirantes* : B. N. 11932, etc.; cf. Lyon, B. N. fr. 2425 et Bible vaudoise.

Ib., XVIII, 28 : *Che dumque merito 'nde averremo?* — *Quid ergo erit nobis?* Textes languedociens, B. N. fr. 2425 et Bible vaudoise.

JEAN, XIV, 22 : *Segniore, como dèe essere che tu manifesterai te medesimo a nnui?* — Vulgate : *Domine, quid factum est*, etc. — La leçon : *quid facturus es*, qui

---

1. Cf. le *Codex Teplensis : Mach uns behalten in der hochen.*

2. Je prends ici mes citations dans le ms. B. N. 4, n'en ayant pas de plus ancien sous les yeux.

3. B. N. 2 : *Tomaso.*

n'a été observée que dans un seul manuscrit latin (B. N. 11959), est à la base de celle de la Bible vaudoise : « Cal cosa sias a far ? »

C'en est assez pour fixer notre jugement. La traduction italienne des Évangiles a sans doute été faite, à certains endroits, sous l'influence d'un texte provençal, parent de celui qui a été traduit également en catalan, mais plus ancien et plus rapproché de la source commune de tous les textes provençaux. Encore pourrait-il se faire que notre traducteur ait eu sous les yeux ou dans la mémoire plusieurs textes provençaux. En tous cas, le traducteur parlait le provençal et était accoutumé à cette langue.

c. *Les quatre Evangiles vénitiens.*

Le ms. Marciana I. it. 3, qui contient le remarquable texte dont il nous faut parler, est curieux à tous égards.

C'est dans une prison qu'il a été copié. A la fin du ms., nous lisons la note que voici :

Anno Domini millesimo trecentesimo sexagesimo nono, indicione octava, die vigesimo octavo mensis setembris, in civitate Venetiarum, in carcere que nominatur Schiava, antedicta vangelia et lamentum beate Virginis Marie expleta fuerunt per me Dominicum de Zulianis de Tergesto. Deo gracias (puis quelques mots effacés :) Ad peticionem dominy...

La *Schiava* était une des trente-neuf prisons de Venise, un des trop célèbres *pozzi*. Elle était située dans le Palais des Doges, au delà du Pont des Soupirs, non loin du quai des Esclavons. Une ancienne description nous la peint en un mot : *Riceveva soltanto scarsa luce dall' andito*[1]. C'est dans ce cachot obscur que le Triestain Domenico de' Zuliani a copié les Évangiles pour abréger les heures de sa captivité et sans doute pour obtenir quelques douceurs de la générosité d'un grand seigneur. En tous cas notre prisonnier n'était pas écrivain ni peintre de son état, car son écriture n'est pas celle d'un copiste et les peintures du manuscrit sont grossières et sans art. C'était un prisonnier d'État, il appartenait à une famille noble de Trieste. A la suite des Évangiles le pauvre captif a copié un

1. Voyez F. Zanotto, *I pozzi ed i piombi*. Venise, 1876, in-18.

poème italien en l'honneur de la Vierge pour le pardon de ses péchés : c'est le *Lamentum beatae Virginis*[1].

La version des Évangiles qu'a copiée Domenico de' Zuliani n'est pas absolument complète, elle n'a pourtant pas beaucoup de lacunes. Le commencement du quatrième Évangile n'est pas reproduit. Cette traduction italienne est tirée de toutes pièces de la Bible française du XIIIe siècle. On va le voir :

MS. MARCIANA I. IT. 3.

MATTH., VI, 9 : O Pare nostro de cielo, lo to nome sia santifichado, [10]*a ço che io vegna en lo to regno*[2]. La toa volontade sia fata *en cielo et* en terra sí como ella è fata in cielo. [11]*Misier*, dona a nuy *da viver* de die in dy, [12]et a noy perdona ly nostri pechadi, sí como noy perdonemo a coloro che n'à offeso. [13]E non menar nuy in tentacion, *ço es a dir che Dio no debia conportar che nuy siamo menadi in templacione*, ma delivra del male (*ms.* : den tale). Amen. *Amen sí vale altretant en questo luogo come a dir : Dio lo faça. En altra perte en ly vagnely, là o' ello è scrito .ij. fade : Amen dico vobis, ço es a dir en quela fiada : Io ve digo veraxiamentre.*

MS. B. N. fr. 899.

Nostre Pere qui es el ciel, ton non soit saintifiés. [10]Ton regne viegne. Ta volentés soit fete en terre come ele est el ciel. [11]*Sire*, done nos hui nostre *vivre* de chascun jor, [12]et nos pardone nos pechiez, comme nos pardonons a cels qui nos meffont. [13]Et ne nos maine mie en temptacion, *ce est a dire, ne sueffre mie que nos soions mené en templacion*, mes delivre nos de mal. Amen. *Amen vaut autant ci endroit come : ce soit fet. Aillors en l'evangile, ou il est escrit : Amen amen dico vobis, lors est ce a dire : Ge vos di veraiement.*

Ces quelques lignes suffiraient à nous éclairer, mais notre texte mérite que nous le fassions mieux connaître.

MATTH., XX, 1 : En quel tenpo aproximando a Yherusalem et venne a Betphage a lo monte Oliveto, alora manda Yhesù Cristo .ij. de ly suoy discipoly, [2]digando a elly : Andé a lo chastello che è contra v..., *ço es a dir en Jherusalem, lo qual è apelado qui*

Quant il aprouchierent a Jerusalem et vinrent a Bethfage au mont d'Olivete, lors envoia Jhesus .ij. de ses deciples, [2]disant a els : Alez el chastel qui est contre vos, *ce est a dire alez en Jerusalem, qu'il apele ici endroit chastel en despisant la*, et lors demain-

---

1. Sur le travail des prisonniers pour la copie des manuscrits, voyez *Mém. de la Soc. des Antiq. de Fr.*, t. LIII, p. 1 ; P. Meyer, *Bull. soc. anc. textes franç.*, 1888, p. 75 et *Romania*, XXIII, 183 et 184.

2. Comparez Malherbi : *fa ch'io venga*, etc.

adreta chastelo en despriexio, et l'ora de presente vuy troveré una asena ligàda et un poledro con ley. Desligéla e menéla çua da my. [3]E se alguno a vuy avra dito alguna cosa, *ço es a dir se alguno ve demanda*, dixé che lo Signor en'abesogna, e demantenente elly la laxerà. [4]Questo fo tuto fato che aço ch'el fosse adempido ço che fo dito per lo propheta digando : [5]Dixé a la fiola de Syon : Ve' qua lo to re lo qual te vene de bona vogla, segando suso una asena. [6]Ly discipoly andando fese ço che Yhesù Cristo ly comanda, [7]et amena l'asena e lo pollo e meten le soe vestimente sora l'asena e fese Yhesù Cristo seder desovra. [8]Una grande partida de le turbe destendi le soe robe en la via, e ly oltri montava suso ly arbore et taiava ly ramy e ly getava en la via. [9]E le turbe che andava dennançi et apresso cridavano ad alta voxe digando : Osanna, fiolo de David, quelu' sia benedeto lo qual venne en lo nome de lo Nostro Segnor ! *Osanna vale altretanto a dir come : Mesier, io te prego che tu me salvy.* Osanna in olto !

tenant trouveroiz vos une asnesse loiée et .j. polain o li. Desloyez la et l'amenez ça à moi. [3]Et se aucuns vos aura dit aucune chose, dites que li Sires en a besoing et demaintenant il les lera. [4]Ice fu tout fet que ce fust aempli qui fu dit par le prophete disant : [5]Dites a la fille de Syon : Voiz ci ton roi qui te vient deboneres, seanz sor une asnesse. [6]Li deciple alanz firent si comme Jhesus lor comanda, [7]et amenerent l'asnesse et le polain et mistrent leur vestemenz seure et firent Jhesum seoir desceure. [8]Une grant partie de la torbe estendirent los vestemenz en la voie, li autre trenchoient les rains des arbres et esternissoient en la voie. [9]Les torbes qui aloient devant et emprès crioient disant : Osanna au filz de David, cil soit beneoiz qui vient el non de Nostre Seigneur ! *Osanna vaut autretant come : Sire, ge te pri que tu me sauves.* Osanna en haut !

Je ne reproduis pas le texte français de la parabole de l'enfant prodigue. On le trouvera dans le livre sur *La Bible française au moyen âge*.

LUC, XV, 11 : Un homo *era loqual* aveva .ij. fioly, [12]e llo plu çovene disse a so pare : Pare, dame la mia parte de lo *chastello*[1] che me tocha. E lo pare partí la sustancia *e dè a queluy la soa parte.* [13]Et dentro brieve termene, tute cose asemblade insembre, lo plu çovene fyo andé fuora de lo paese in lutane contrade, e spendé là tuta la soa sustancia, vivando luxuriosamentre *con le pechadrixe femene.* [14]Et apresso ço che ello ave tuto spendudo, el fo grande fame in quela contrada, in quela fiada comença ello ad aver defaxio. [15]Et ello andé et s'apartí[2] con uno de ly çitadiny de quela contrada, et ello

1. *Substantiae.* — Bible française : « del chatel ». Le traducteur n'a pas compris ce mot, qui vient de *capitale* et qui signifie la richesse agricole.

2. Ms. : *sa patin.* — *adhaesit.* — Français : « s'acovenança ».

lo mandà a la soa villa per vardar ly porçi. [16]Et ello desirava adimplir lo
sò corpo *de le radixe* che ly porçi mançavano, et nexuno *homo* li'nde dava.
[17]Et ello pensando en si medemo disse : O, tanti sercenty ànno abundancia
de pane in la chasa de mio pare, et io perischo qua di fame. [18]Io me partire'
de qua et andare' a mio pare, e li dire' : Pare, io ò pechado denançi da Dio
et denançi da ty. [19]Io non son miga degno de esser apelado to fyol, ma fame
sí como a un de ly *serçenti* merçeneri. [20]Et ello se lieva e vene da so pare.
Quando ello era ancora lonçi, sò pare lo vete e fo movesto a misericordia, *ço
es a dir ello ave pietade de luy*, et ello core e ly chadi sovra lo collo et lo baxa.
[21]En quella fiada ly disse lo fyo : Io é pecado denançi da Dio e denançi da ty,
né io no son miga degno de esser apelado to fyo. [22]En quela fiada disse lo
pare a ly suoi serçenti : Aduxé qua tosto *la plù chara* vestimenta et lo vestide,
et ly metí l'anello in la soa mane et la calçamenta in ly suoi pey, [23]et tolé lo
videlo ingrasado et l'olçidé, et mançemolo et faxemo grande festa. [24]Imper-
çò che questo mio fyo lo qual era morto et è revivudo, et ello era perdudo
et è retrovado. Et tuti començano a mançar.

[25]Et l'oltro so fiolo maçor si era fuora a lo campo, et quando ello vene et
ello aproxima a la chasa, ello oldí lo corno et la simphonia. [26]Et ello clama
un de ly serçenti et lo demanda chi era questo. [27]Et lo serçente ly disse : To
frare xe vegnudo, et to pare à morto lo vidello che era ingrasado, per la alegreça che ello l'à reçevudo et salvo. [28]En quella fiada avé questo oltro
maçor fyo grande desdegno, *de ço che so pare aveva reçevudo so fradello en tal
maniera*, e non voleva miga entrar entro. Allora ensí so pare et lo comença a
pregare. [29]Et ello respondando disse a so pare : Ve' qua tanti anni che io t'è
servido et no trespassé unquame ly tuoy comandamenti, et tu no me dessi
unchame un chavredo a mançar con ly miey amixi. [30]Ma apresso ço che
questo to fiolo, che à *vastado e* devorado la soa sustancia con le pechadrixe,
[è venuto,] et tu ly as morto lo vidello engrasado. [31]Et ello ly disse : Fyo, tu
es tuto tempo con my, et tute le mie cose xe toe. [32]Ello convegniva far festa
et alegreça, imperçò che questuy era stado morto et è revivudo, ello era perdudo et è retrovado.

J'ai à peine besoin de dire que le prisonnier de la *Schiava* n'est pas le traducteur, mais simplement le copiste de nos Evangiles. Le ms. qui est signé de lui n'est pas un ms. d'auteur.

V. — LES ACTES DES APOTRES TRADUITS PAR DOMENICO CAVALCA

Voici un phénomène vraiment inattendu, et qui renverse la relation que nous avons observée entre les textes italiens et provençaux. Ce que nous trouvons maintenant, c'est un texte vaudois traduit de l'italien, et emprunté par les Vaudois du Piémont à la version d'un dominicain de Pise.

Trois manuscrits de la Bible (Ricc. 1250. B. N. 2. 4), sans parler de quelques autres textes (Malherbi et Jenson) qui s'en rapprochent plus ou moins, contiennent une traduction des Actes des apôtres qui est précédée d'un prologue dans lequel (du moins d'après le plus ancien des mss.) le traducteur est nommé.

MANUSCRIT RICCARDI 1250.

Qui si comincia il prolago degl' apti degli apostoli che fe' frate Domenico da Pisa, dell' ordine de' frati predicatori, remesso in volgare.

Volendo a pititione et per divotione di certe divote persone recare a comune et a chiaro volgare lo divoto libro degl'atti degl'appostoli.... do a intendere che, per[ché] le parole scritte in gramatica non si possono arovesciare a modo di panni et recarle a volgare, per la profonda delle sententie loro et per la moltiplice significatione e intentione della Santa Scrittura, muto in cierti ma in pochi luoghi l'ordine delle parole et più chiaramente exp[r]iemere in volgare la sententia e lo 'ntendimento di santo Luca e delle parole del detto libro. Alcuna parola pongo da mme per meglo expriemere alcuna parola del detto libro et perché il detto libro parla diverse materie et pone molte storie....

Suit une table de 32 chapitres : la traduction est divisée également en 32 chapitres.

Le frère Dominique de Pise est bien connu sous le nom de Domenico Cavalca. Il était originaire de Vicopisano, entre Pise et Empoli, et mourut en 1342. Il est auteur de nombreux ouvrages, et en particulier du *Specchio della croce*[1]; il est plus connu encore comme traducteur des Vies des saints. Ce n'est pas le moment de parler de lui. On verra, par les premiers mots de la traduction des Actes, que Cavalca, fidèle à son principe, a donné une paraphrase presque autant qu'une version. J'ai marqué par le caractère italique ce qui est de la paraphrase, ou plutôt ce qui n'est pas dans le latin.

Lo primo sermone, *ciò è lo vangelio*, feci *et compilai*, o Teopilo, di tutte quelle cose lequali Yhesù incominciò a fare e a dire [2]in fino a quel dì *e a quell'ora* ch'egli comandando agl'apostoli, li quali elesse per Ispirito santo *c'andassero predicando per lo mondo la fede sua*, fue assunto, *ciò salì in cielo*. [3]A' quali

1. Voir Quétif, t. I, p. 878; Hain et Brunet; Zambrini, s. vv. *Atti* et *Calvaca*, et les auteurs cités par U. Chevalier.

apostoli si dimostrò vivo, *ciò in verità d'umana carne*, dopo la sua passione
per più volte aparve loro per *ispatio di* quara[n]ta dí et per molti argomenti
et segni gli certificò di sè et parlò loro del regno di Dio, 4 e *in capo di quaranta*
dì apparendo loro quando mangiavano et prendendo alcuno cibo co lloro, comandò
loro che non si partissono di Jerusalem, ma aspettassono la promessione
del Padre, la quale aveano udita per sua boccha, *ciò è lo Spirito santo c'avea loro*
promesso che 'l Padre manderebbe loro nel nome suo. 5 Che Giovanni *disse* : Io
battezzo inn acqua, ma voi sarete battezzati, *ciò lavati et mondati*, per Ispirito
santo dopo non molti dí. 6 *Le quali parole udendo, gl'apostoli e tutti gl'altri*
ch'erano congregati insieme sí llo domandarono, se in quello tempo deve
ristituire *e riformare* lo regno d'Isdrael. 7 A' quali elli rispuose *e disse prover-*
biando....

Nous avons constaté autrefois, après Herzog et après M. Reuss[1], que dans deux des mss. vaudois, dans ceux de Grenoble et de Cambridge, la version vaudoise du livre des Actes est interrompue au milieu du chapitre XVI. « La traduction qui lui succède, disions-nous, est sans valeur; ce n'est probablement qu'un essai malencontreux de combler une lacune de quelques feuillets dans un manuscrit mutilé. » Il faut réformer ce jugement : la seconde moitié du livre des Actes est traduite mot pour mot, dans nos deux manuscrits vaudois, sur le texte italien de fra Domenico. Qu'on en juge :

MS. VAUDOIS DE GRENOBLE.

XVII, 19 : E prenent lui meneron
lui a *aquella contraa laqual es dicta* Ario-
pago, *car aqui se adorava lo dio Mars....*
22 Adonca Paul se leve al meç de lor
e dis :

O segnors e homes atheniencs, *yo conse-*
derant li vostre fait e li vostre studi, yo ve
ch'al postot vos se superscicios *e van*,
e have *entre vos diversas sectas e opinions*
e divers temples e ydolas *e divers dios.*
23 Liqual yo annant vesent atrobey un
autar que era sobrescript : *Aquest es*
l'autar del Dio non conoissu. *Dont*
sapia che aquel Dio non conoissu es

MS. RICCARDI 1250.

Et prendendolo sí llo menarono a
quella contrada che ssi chiamava Ario-
pago, *perchè vi si adorava lo Dio*
Marte.... 22 Allora Paulo si levò in
mezzo di loro et disse :

Signori e huomini atenesi, *conside-*
ratenesi[2] *io i vostri fatti e i vostri studi*,
veggio che al tutto siete superistiosi
et vani, e avete *fra voi diverse sette e*
oppinioni et diversi templi e ydoli *e*
diversi dii. 23 Li quali andando lo veg-
gendo travoi[3] uno altare che v'era
soprascritto *intitolato* : *Questo è l'altare*
dello Idio non conosciuto. *Onde sap-*

1. *Romania*, XVIII, 385.
2. Lisez : *considerando*, avec les autres mss.
3. Lisez : *trovai*, avec les autres mss.

aquel que yo predico a vos.... 24Dio
loqual ha fait lo mont e ço qu'es en
lui, essent segnor del cel e de la terra,
non habita en temple fabrica per obra
de mans, 25e non requer co(o)tivament
manuel e non ha besogna d'alcuna
vostra *obra corporal*, mas *majorment* el
dona vita e spiracion, 26e fey *e produis*
tota cosa. *E produis* un home tota la
humana *natura e la* generacion, *e
departic e spars li ome* per divers luocs
e diverssas habitacions. 27*E li enduis
tuit* a encercar Dio e conoisser *per
aquestas obras* si per aventura poyren
atrobar lui, jasia zo ch'el non sia long
de chascun de nos. 28Car *per lui e* en
lui nos sen e vivem, enay[sicom]a
mostran dereco alcuns deli vostre savis
antic, diçent chę nos sen la soa generacion. 29Donca essent de la soa generacion *e fait a la soa semblança*, nos
non devem *esser si mat* che nos cresan
e diçan ch'el sia semblant a neun en-
talhament d'or o d'autra cosa entalha
faita per man d'ome e per enging
d'ome....

piate che questo Idio non conosciuto
è(t) quello ch'io vi predico.... 24Dio lo
quale fece il mondo e ciò che in esso
si contiene, essendo egli signore del
cielo e della terra, non abita in templi
fablicati per umano magisterio, 25et
non richiede culto manuale e di nullo
nostro *mestiere corporale* àe bisogno,
anzi egli dà vita e spiratione a ongni
cosa, 26et fece *et produsse del primo*
huomo tutta l'umana *natura et* generacione, *e divise e sparse gl'uomini* per
diversi luoghi e diverse abitationi
sopra la faccia della terra, et à distinti
i tempi e luoghi delle loro abitationi.
27*E induce tutti* a cercare Idio *e a
conoscere per queste opere* se forse lo
possiamo trovare, avegna ch'egli non
sia da lungi da ciascuno di noi. 28Per-
ciò che i llui *et per lui* viviamo et si
moiamo e siamo, come etiandio mos-
trarono cierti nostri[1] antichi poeti,
dicendo che noi siamo sua generatione.
29Essendo dunque di sua generatione
e schiatta e a sua simiglanza, non deb-
biamo *essere si stolti* che crediamo *ho
diciamo* ch'egli sia simile a nulla scol-
tura d'oro o d'argiento ho d'altra cosa
scolpita, fatta per mano o per ingegno
d'uomo....

Le tableau que nous voyons est tout différent de l'image que nous nous faisons d'ordinaire de l'œuvre littéraire et religieuse des Vaudois. Un « barbet » s'appropriant sans scrupule la version d'un dominicain, n'est-ce pas une chose étrange et inattendue? Il me semble, au contraire, que rien n'est plus vaudois que cela. Les Vaudois prenaient leur bien où ils le trouvaient; personne n'a jamais eu une plus grande puissance d'accommodation. Je vois fort bien ce demi-lettré, évêque ou ministre du « petit troupeau, » qui ne savait pas le latin mais qui écrivait le provençal et qui lisait l'italien, s'entourant de

1. Lisez : *vostri*, avec les autres mss.

toutes les traductions de la Bible qui étaient à sa portée. Entre Spolète où était, semble-t-il, le centre de leur activité missionnaire, les vallées de Pignerol et celles du Dauphiné où étaient leurs places fortes, et le midi de la France qui était leur champ de mission, ces prédicateurs infatigables devaient être gens de toutes langues et de toutes ressources. Du reste, la constatation que nous venons de faire ne sera pas inutile aux philologues. Elle prouvera une fois de plus que le dialecte vaudois était bien, entre le quatorzième et le quinzième siècle, celui des vallées du Piémont, de cette frontière des langues dont le provençal est la langue et où l'italien est à la porte.

Mais quelle était la manière de travailler de fra Domenico et quelle est l'œuvre qu'il a faite? A la considérer de près, sa version est moins une paraphrase qu'une glose continue. Le traducteur juxtapose sans cesse la traduction délayée au mot propre; en effaçant simplement les mots ajoutés au texte, on obtiendrait assez facilement une version à peu près littérale. Cette version primitive ne se retrouverait-elle pas parmi celles que nous avons? J'ai déjà dit que toutes ont au moins quelques gloses, mais dans une seule je n'en trouve presque aucune, et si j'en juge par un court extrait, ces gloses sont de même nature que les petites gloses qu'on voit dans presque toutes les parties de l'ancienne Bible italienne. Nous parlons du ms. Riccardi 1252.

Le ms. où ce texte est conservé contient en général des textes bons et anciens. Cette traduction du livre des Actes est probablement celle qui était en circulation avant Domenico Cavalca. En voici les premières lignes :

Il primo sermone io feci, o (*ms.* : a) Theofilo, di tucte le [c]ose ke Yhesù cominciò a fare e insegnare, [2] in fino al dí ke asciendecte in cielo, *cioè k'elli salio in cielo*, comandando alli apostoli li quali avea electi per Ispirito santo, [3] a' quali dimostrò sé medesimo vivo dopo la sua passione e per molti arghomenti per tempo di quaranta dí aparendo loro e parlando del regno di Dio, [4] e mangiò con esso loro, comandando ke non si partissero di Jerusalem, ma aspectasserò la promessione del Padre, lo quale, diciea loro, voi intendeste dalla mia bocca. Però ke Giovanni bacteçó nell'acqua, ma voi sarete bacteçati nello Spirito sancto non dopo molti dí....

La même version, glosée d'une autre manière, se trouve dans le manuscrit Strozzi 10 de la Laurentienne (XIVe siècle). Je n'en donnerai que les premiers mots :

Lo primo mio *parlamento e* sermone io feci, o Theofilo, di tutte quelle cose *et opere* le quali cominciò Jhesù di fare et insegnare 'in fino in quello die nel quale egli comandando ad gli apostoli i quali elesse per Spirito santo fu levato in cielo *et ricevuto*....

Je dis maintenant que l'original qu'a glosé Cavalca était très rapproché des textes usités dans le midi de la France, et je le prouve par l'étude du texte latin sousjacent.

On a pu remarquer tout à l'heure (XVII, 27) quelques mots que nous avons marqués du signe qui distingue les gloses : *Et induce tutti a cercare Idio.* Un lecteur habitué à l'histoire de la Vulgate ne peut manquer de reconnaître ici une leçon du latin : *Dedit hominibus quaerere Deum*, leçon très rare. De quatre mss. qui l'ont conservée, un est catalan et un autre languedocien. On comprend mieux encore le lien qui unit le texte italien au latin, quand on se reporte au ms. Ricc. 1252, dont nous venons de parler, où on lit : *Et diede a tucti ke ciercassono Idio.*

Voici, dans la traduction de Cavalca, d'autres leçons qui portent la marque de leur origine :

V, 36. Ricc. 1252 : *Il quale se dicea essere una grande cosa*[1]. — Ricc. 1250 : *et dicea e mostrava d'essere un gran fatto.* — *aliquem magnum* : leçon espagnole et méridionale.

VI, 10. Ricc. 1250 : *Ond'eglino non potendogli resistere per ragione.* — *Quum ergo non possent resistere veritati* : textes espagnols et méridionaux et une version provençale.

XIX, 31. Ricc. 1250 : *pregando che per niuno modo si palesasse né venisse fra quello popolo furioso.* — *in turba* : mss. languedociens et versions provençales.

XXII, 28. Ricc. 1250 : *Et Paulo rispuose : E io sono nato in questa civilitade.* — « en aquesta ciutat » : B. N. fr. 2425 (et un ms. languedocien).

XXVIII, 19. Ricc. 1250 : *ma per campare del pericolo della morte.* — *sed ut animam meam a morte liberarem* : mss. languedociens.

Ces citations doivent nous suffire.

VI. — LES ÉPITRES ET L'APOCALYPSE

a. *Saint Paul.*

Les épîtres de saint Paul sont conservées dans treize mss., sans parler des textes imprimés. Neuf au moins de ces mss. contiennent une même traduction. En voici la liste :

---

1. Strozzi 10 : *lo quale dicea così che fu alcuno grande maestro.*

Laur. Strozzi 10 (XIVe siècle).
Sienne I.V. 9 (id.).
Marciana I. it. 2 (XIVe siècle, partie des Romains et des Corinthiens).
Ricc. 1658 (XIVe-XVe siècle).
Ricc. 1250 (XVe siècle).
Ricc. 1321 (id.).
Ricc. 1325 (id.).
Ricc. 1382 (id.).
Ricc. 1627 (fin du XVe siècle).

Une autre traduction, proche parente de celle-ci, est contenue dans un seul manuscrit :

Ricc. 1252 (XIVe siècle).

Les manuscrits suivants contiennent des textes plus ou moins différents des premiers :

Sienne I II. 31 (fragment, XIVe siècle — paraphrasé).
B. N. it. 4 (de 1472).
B. N. it. 2 (XVe siècle).

Voici quelques passages du texte ordinaire, sous ses deux formes :

MS. RICCARDI 1250.

ROM., I, 1 : Paulo[1] servo di Cristo,
kiamato apostolo e sceverato per predicare il vangelio di Dio, 2 lo quale
egli dinanzi avea inpromesso per li
suoi profeti nelle sancte Scripture, 3 le
quali parlano del suo figluolo, lo quale
è fatto a llui del seme di Davit secondo
la carne, 4 il quale sí fue predestinato
figluolo di Dio nella virtute secondo
lo spirito del sanctificamento della
rexurrectione de' morti di Yhesù Cristo
nostro signore, 5 per lo quale noi rice-
vemo gratia e appostolato a ubbidire
alla fede in tutte le giente per lo suo
nome, 6 in tra quali voi siete kiamati
di Cristo nostro signore. 7 Et questo
dico a tutti voi ke siete a Roma amici

MS. RICCARDI 1252.

ROM., I, 1 : Paolo apostolo e servo
di Yhesù Cristo, kiamato apostolo
iscieverato a predicare il vangielo di
Dio, 2 dinançi promesso avea a' sancti
per li suoi profeti nelle Scricture,
3 del suo Figluolo, il quale nacque in
lui secondo carne del seme di David,
4 il quale dinançi è ordinato figluolo
di Dio, secondo lo spirito del sanctificamento della rexuressione de' morti
di Yhesù Cristo nostro signore, 5 per
lo quale ricevemmo gratia e apostolato
ad ubidire alla fede in tucte le gienti
per lo nome suo, 6 nel quale voi siete
kiamati di Yhesù Cristo nostro signore,
7 a tucti quelli ke ssono amici in Roma
di Dio, kiamati sancti. 8 Gratia sia a

1. *Paolo* : Ricc. 1627. Strozzi 10; *Pagholo* : Ricc. 1382; *Pavolo* : Sienne I. V. 9.

di Dio et chiamati sancti. [8]A voi sia gratia et pace da Dio Padre nostro et dal signore nostro Yhesù Cristo....

[16]Ke io non abbo vergogna di predicare lo vangelio, ke lla virtude di Dio sia con salute a ogni huomo ke crede, al giudeo in prima e al greco, [17]et per quello ciertamente è manifesta la giustitia di Dio di fede [in fede, secondo ch'è iscritto : Il mio giusto vive pella fede].

VIII, 31 : Adunque che diceremo apresso di queste cose? Se Idio è per noi, chi sarà contro a nnoi? [32]Che quegli che etiandio al suo própio figliuolo non perdonò, che egli no'l desse per tutti noi a morire, come non ci perdonò a noi tutte le nostre pecchata? Cierto sí fece. [33]Chi acchuserà dinanzi a Dio contra gli suoi eletti? Idio sí gli giustifica. [34]Et chi è quegli che gl'avrà a condannare? Che Yhesù Cristo che fu morto et poi risucitò, il quale è allato dalla mano diritta di Dio, quegli sí priega a Dio per noi.

[35]Adunque chi ssi dipartirà dall' amore di Cristo? Saràe tribulatione o angoscia o persecutione o fame o nuditade o perikolo overo coltello, che cci parta dal suo amore? [36]Che egli è scritto nel salterio : Messer Domenedio, per te tutto dí siamo morti et siamo spezzatti secondo che lle pecore dal macello. [37]Ma in tutte queste cose noi sí vincemo per amore di colui che nnoi amò. [38]Che io sono cierto né che morte né che vita, né gl' angeli nelli principati nelle virtudi, né quelle cose che sono ora né quelle che verranno, ne forteza [39]né altezza né profondo e null' altra creatura potrà noi partire dalla charità di Dio, la quale è in Gesù Cristo nostro signore.

HÉBREUX, I, I : Per molte guise e

voi et pace da Dio nostro signore Yhesù Cristo...

[16]Perciò k'io non verghogno il vangielo, però ke gl'è vertù di Dio in salvatione [a] ogne credente, prima al giudeo et poscia al greco. [17]Però ke lla giustitia di Dio inn esso sí è manifesto di fede in fede, sí ccome è scricto : Il giusto mio vive per la fede.

VIII, 31 : Dunque ke diremo a queste cose? Se Idio è con noi, ki è contro a nnoi? [32]Quelli, ilquale al suo propio figluolo non perdonò, ma per tucti noi il diede a morire, come altressí non perdonò a nnoi tucte le nostre offese? [33]Colui c'acuserà in contro alli electi di Dio? Di(ci)o è il quale giustifica. [34]Ki è ke condanni? Cristo Yhesù, il quale fu morto per noi ma risucitò, loquale sí è dalla dirikta di Dio, il quale priega Idio per noi.

[35]Dunque ki nne dipartirà dall'amore et dalla carità di Cristo? Tribolatione, angoscia, scacciamento, fame, pericolo o coltello? Non, [36]sí ccome è scricto ke nnoi per te semo mortificati d'ogni tenpo, aspectati siamo per uccidere sí ccome pecore del macello. [37]Per tucte queste persecutioni vincemo per colui il quale amò noi. [38]Perciò k'io sono certo ke né morte né vita, né angieli né principati né podestadi né virtudi, né cose presenti né ke debono venire, né forteça [39][né altezza] né profondità ne altra criatura ci potea partire dall' amore di Dio, lo quale (*ms.* : dalla morte... la quale) è in noi per Yhesù Cristo nostro signore.

HÉBREUX, I, I : Per molte guise e

per molti modi in qua dietro Idio parlò agli nostri padri per gli profeti, ma ora da sezzo ²in questi dí àe parlato a noi per lo Figluolo, il quale à pposto e ordinato che ssia herede di tutte le cose, e per lo quale fece i secholi, ³il quale Figluolo di Dio, con cio sia cosa che sia sprendore della gloria del Padre et figura della sua sustantia, egli porta colla parola della virtù sua tutte le cose, faccendo purgagione de' pecchati, si siede alla diritta parte della maestade in cielo....

per molti modi in qua dietro Idio parlò a' nostri padri per li suoi profeti, ma ora novissimamente ²in questi díe àe parlato a nnoi per lo Figluolo suo, il quale àe posto et ordinato ke ssia herede di tucte le cose, per lo quale elli fece i secoli, ³il quale Figluolo di Dio con ciò sia cosa ke sia splendore di grolia[1] del Padre et fighura di sustantia, elli porta colla parola della virtù sua tucte le cose, facciendo purghatione de' peccati, si siede a la diricta parte della maestà in cielo....

Les mss. napolitains, B. N. 2 et 4, contiennent une troisième recension de notre texte, mais postérieure et à certains endroits fortement retouchée et un peu glosée. Il y a dans le ms. B. N. 2 une singulière lacune : les préfaces de l'Epître aux Romains sont copiées à leur place, mais elles sont suivies d'un blanc, qui représente l'Epître elle-même. C'est donc uniquement d'après le ms. 4 que nous donnerons des extraits de la recension napolitaine de l'Epître aux Romains. Nous les prenons parmi les passages qui diffèrent le plus des textes anciens :

ROM. I, 1 : Paulo servo di Jesù Christo chiamato apostolo, segregato, *cioè separato*, in lo evangelio di Dio...

VIII, 31 : Che adumque diceremo a questo? Se Idio è per noi, chi sarrà contra di noi? ³²Il quale, *cioè Idio*, eciamdio allo suo proprio Figluolo non perdonò, ma per tucti noi diede egli, per qual modo eciamdio et con egli non ci donò ogni cosa? ³³Quale serà quillo el quale accuserà contro alli electi di Dio? Idio è quillo il quale giustifica. ³⁴Quale è quillo il quale condempna? Christo Jesù il quale è morto, ma anci il quale resurrexe, il quale sede alla dextra, *cioè al lato diricto* de Dio, il quale interpella, *cioè sè interpone* per noi. ³⁵Chi adunque seperera noi dalla carità di Dio? Tribulacione o angustia o perseguitacione o fame o necessità o periculo o gladio, *cioè coltello*?....

Nous pouvons également sans difficulté rapporter à la même origine le texte fragmentaire qui est conservé dans les dix feuillets du ms. I.II. 31 de Sienne. D'après le savant bibliothécaire, M. Donati, le ms. est de la fin du XIVe siècle :

1. La forme *grolia* se trouve également dans le ms. Ricc. 1304 (MATTH., XXI, 9).

ROM., I, 1 : Paulo servitore di Jhesù Cristo chiamato appostolo sceverato ad essere maiestro a predicare lo vangelio (di) di Dio, [2] lo quale dinançi avea inpromesso ne le Scripture ali santi per le prophete suoi, [3] del Filgluelo suo che naque de la schiatta di David secondo la carne, [4] lo quale fue predistinato Filgluolo di Dio im bontiade secundo lo spirito de la santificatione che venne de la resurresione de li morti di Jhesù Cristo nostro singnore....

VIII, 31 : Dumque che diciró apreso a queste cose? Se Dio è(t) per noi, chi è contra noi? [32] Quelli che Dio non parciò al propio suo Figluolo, ma per tutti noi lo diede a morire, come non que per ilo no[n don]e a nnoi tutti le nostre peccati co llui? [33] Chi achusarà dinanti a Dio incontra [li] aletti suoi? Dio è quello che l'a justifica. [34] Ki è chi li condanni? Cristo salvatore fuo morto per no', ma sí risuscitò, lo quale è de la dricta di Dio, chi non prega Dio per nnoi. [35] Dumque chi non dipartirà de l' amore di Cristo, tribulatione ud angustia u persecutio u fame u gnuditade u periculo u chiadio?....

Les trois Epîtres qui sont en partie conservées dans le ms. de Sienne sont rangées dans un ordre singulier : Philippiens, Ephésiens, Romains. Ce doit être pour nous une raison de plus de nous en défier.

Le plus grand nombre des mss. (Ricc. 1250 et son groupe) n'ont pas de préfaces ni d'arguments en tête des Epîtres de saint Paul. Deux anciens manuscrits, Ricc. 1252 et Sienne I.V. 9, ont en tête des Romains un argument :

La kiesa de' Romani sí era di due popoli (R. 1252)....

Les mss. les plus récents, Ricc. 1627, B. N. 2.4, suivis par Malherbi et Jenson, mettent en tête des Romains les mêmes prologues qui ont été généralement en usage, en Italie comme ailleurs, jusqu'au milieu du XIIIe siècle :

Prima si domanda el perché ....I Romani son quegli che credectero.... La cagione della pistola.... Romani [son] in una delle parti di Ytalia.... (Ricc. 1627 [1]).

Dans un seul ms., Ricc. 1252, la division des chapitres diffère de celle de la Vulgate : Romains, 28 chapitres; I Corinthiens, 37; II Corinthiens, 13; Galates, 13, etc. Ce système semble être un compromis entre l'ancienne division et la nouvelle. Nous avons déjà pu remarquer ailleurs le même caractère.

---

1. Jenson omet la 3e de ces préfaces; B. N. 2 omet la 2e et la 4e et met en tête la 3e : *La cagione delle lectere*.....; B. N. 4 omet la 2e et met la 3e en tête.

Si l'on peut en conclure quelque chose, c'est que notre version des Epîtres de saint Paul, telle que nous l'avons conservée, semble nous ramener à l'époque où l'ancienne édition italienne de la Bible essayait de s'accommoder avec l'invasion des textes parisiens, c'est-à-dire peu après le milieu du XIIIe siècle.

Quant au texte latin qui a servi de base à cette version, nous ne saurions le rechercher avec trop de soin. Nous trouvons d'abord dans ce texte des leçons italiennes, mais le plus grand nombre de celles-ci se rencontrent également au sud de la France, et une au moins de nos leçons est purement languedocienne :

I COR., II, 16. Ricc. 1252 : Però ke conobbe il senso del Signore, se lo spirito del Signore no llo amaestra (cf. Ricc. 1250)? — *Nisi spiritus Domini qui instruat eum* : textes catalans, languedociens, italiens, etc.

II COR., VIII, 18. Ricc. 1250 : il nostro frate Luca (= B. N. 2.4). — *Fratrem nostrum Lucham* : cette leçon ne se trouve que dans 6 mss. languedociens et dans la version provençale (ms. de Lyon).

GAL., V, 7. Ricc. 1250 : Non consentite a niuno di coloro che vvi confortano d'altra fede (= Ricc. 1252, B. N. 2.4). — *Nemini consenseritis* : mss. italiens, etc.

COL., I, 19. Ricc. 1252 : Imperò c'a llui piacque d'abitare ogni plenitudine della divinità corporalmente (= B. N. 2.4). — *Omnem plenitudinem divinitatis inhabitare corporaliter* : textes languedociens, etc., et version provençale (ms. de Lyon).

Ib., III, 8. Ricc. 1252 : Et soça parola non esca della vostra bocca (= Ricc. 1250. B. N. 2.4). — *Non procedat* : textes catalans, languedociens, italiens, etc.

I, TIM., II, 6. Ricc. 1252 : Lo testimonio del quale sí è confermato nelli suoi tempi (= B. N. 2.4). — *Confirmatum est* : textes languedociens, italiens, etc.

Ib., V, 11. Ricc. 1252 : Poi sí si voglono maritare in Cristo (= B. N. 2.4). Ce contresens se retrouve dans les versions provençale (B. N. fr. 2425) et vaudoise[1].

Ces leçons sont presque toutes aussi bien italiennes que languedociennes. Il en est pourtant une, I COR., VIII, 18, qui porte d'une manière si accentuée le cachet du midi de la France, qu'elle suffit à établir ce fait, que la version italienne des Epîtres de saint Paul a subi l'influence des textes, soit latins, soit provençaux, du midi de la France.

---

1. *Cod. Tepl.*, 1re *m.* : *Si wellen gemecheln in Kristo.*

Ce résultat concorde avec tout ce que nous avons déjà observé.

b. *Les Épîtres catholiques.*

Les Epîtres catholiques sont parvenues à nous, en dehors des incunables, dans neuf manuscrits :

Ricc. 1250, 1252, 1321, 1538, 1658.
Laur. Strozzi 10.
Sienne I.V. 9.
B. N. it. 2.4.

Voici le commencement de l'Epître de saint Jacques, d'après le manuscrit Ricc. 1250 :

Jacopo apostolo[1] servo di Dio e del nostro signore Yhesù Cristo alle dodice schiatte che sono in dipersione, salute[2]. [2]Ogne allegrezza pensate, frati miei[3], quando cadrete nelle varie[4] tentationi, [3][sapiendo che 'l provamento] della vostra fede adopera patientia. [4]Ma lla patientia abbia opera perfetta, a ciò che voi siate perfetti e interi, in nulla cosa vegnenti meno. [5]Ma sse alcuno di voi à bisogno di sapientia, dimanda a Dio, il quale la dàe abbondevolemente a tutti et no lla rinproverà, e sarà data a llui. [6]Ma dimandila in fede, niente dubitando, perciò che quegli che dubita[5] è simigliante all'onda del mare, laquale è(t) mossa dal vento et menata in torno[6]. [7]Adunque non si pensi quel cotale huomo che riceva cosa dal Signore. [8]Huomo di doppio animo non è permanevole[7] in tutte le sue vie....

On reconnaît facilement ici, comme dans la plus grande partie de la Bible italienne, deux recensions. La plus ancienne est, comme à l'ordinaire, la plus incorrecte. Le célèbre passage « des trois témoins » montre des différences beaucoup plus profondes, et qui se ramènent à des textes latins différents, mais

---

1. *Apostolo* omis par Ricc. 1321. 1658. Strozzi. Sienne. B. N. 2. 4.
2. *Che sono sparte, si manda salute* : B. N. 2. 4. Ricc. 1321. 1658. Strozzi (*spartite*). Sienne.
3. *Frati miei, abiate per grande allegreça* : B. N. 2. 4. Ricc. 1321. 1658. Strozzi ; *ogne allegreçça, fratelli miei, aviate per grande allegreçça* : Sienne.
4. *Gradi* : Ricc. 1321.
5. *Quando eli ora*, addition de B. N. 2. 4, etc.
6. *Mossa et* et *in torno* omis dans B. N. 2. 4, etc.
7. *Costante* : B. N. 2. 4, etc.

ici les mss. sont groupés un peu autrement. Je fais suivre l'un et l'autre texte de ses autorités :

MS. RICCARDI 1250.

I JEAN, V, 8 : Ché[1] tre sono che dànno testimonanza in terra[2], lo spirito l'acqua e 'l sangue, et questi tre sono una medesima cosa. 7 E tre sono quegli che dànno testimonanza[3] in cielo, lo Padre e 'l Figluolo e lo Spirito santo, et questi tre sono una cosa.

Quia tres sunt qui testimonium dant in terra, spiritus aqua et sanguis, et hi tres unum sunt. 7 Et tres sunt qui testimonium dant in celo, Pater et Filius et Spiritus sanctus, et hi tres unum sunt ; texte méridional copié dans le ms. Bodl. *auct. E. infr.* 2.

Le même texte, avec *Verbum*, est celui des mss. languedociens et de Théodulfe. Le mot *Filius* est très rare dans les mss.

MS. RICCARDI 1321.

I JEAN, V, 7 : Però che tre sono quegli che dànno testimonanza di Cristo in cielo, il Padre e lla Parola e llo Spirito, et queste tre cose sono pure una. 8 Et tre sono quelle che dànno testimonanza in terra, lo spirito l'aqua et lo sangue, et queste tre sono una cosa (= Ricc. 1658).

Ceci est à peu près le texte postérieur ordinaire des latins. La leçon espagnole *haec tria* est si rare que nous ne pouvons penser à elle en cet endroit.

Ici encore la leçon des mss. Ricc. 1250 paraît être la plus ancienne, et l'autre n'est probablement qu'une accommodation au texte courant des mss. latins postérieurs. Le texte le plus ancien semble avoir ses attaches dans le midi de la France. En effet, la version italienne reproduit, aussi exactement qu'aucun texte latin, les leçons du Nouveau Testament provençal de Lyon :

Quar tres so que dono testimoni en terra, esperitz aiga e sanx, et aquesti tres so u. E tres so que testimoni dono el cel, le Paire el Fil el Esperitz sanh, et aquesti tres so u.

Sur de nombreuses centaines de manuscrits, cette forme de texte ne s'est trouvée que dans un seul ms. latin et dans la version provençale. Ceci est suffisamment clair.

C'est donc vers le midi de la France qu'il nous faut, une fois de plus, tourner les yeux.

---

1. *Però che* : Malh. Jens. ; *perciò che* : Sienne. Ricc. 1252.
2. *Cioè* : Ricc. 1252 (*bis*).
3. *Testimonio* (*bis*) : Sienne. Ricc. 1252.

c. *L'Apocalypse.*

L'Apocalypse se trouve dans dix mss.; neuf contiennent le texte traditionnel, et le dixième un texte à part, par lequel nous commencerons notre examen. Les mss. du texte ordinaire sont :

Ricc. 1250. 1252. 1538. 1658. Marciana I. it. 2. Sienne I.V. 9. B. N. it. 2. 4. Pal. 6.

Le texte à part se trouve dans le ms. Riccardi 1349 (xve siècle). Ce texte nous rappelle dès le premier coup d'œil une version catalane, contenue en particulier dans le ms. B. N. esp. 486, du xive siècle, provenant de Marmoutier et qui a été démarqué par Libri (voir *Romania*, XIX, 507) :

MS. DE MARMOUTIER.	MS. RICCARDI 1349.
PRÉFACE : *Axi com diu l'apostol*, tots aquels qui viven piadosamen [1] en Crist soferen persacussio....	*Come dice l'appostolo*, tutti coloro che vogliono piatosamente vivere (*ms.* : venire) in Yhesù Cristo soffrerischano persecuçione....
I, 1 : *Aquesta es la ravelacio* de Jhesu Crist [2], laqual Deu dona a el per fer *saber* manifestament a sos *frares* aqueles coses que covenen tost eser fetes, e significa *asso* trametent per lo seu angel a son seruf Johan, 2 loqual *feu* tastimoni a la paraule de Deu et a Jhesu Crist *en totes les coses* que el viu. 3 Benuyrat *es* aquel qui lig e qui ou les paraules d'aquesta prophecia....	*Questa è la rivelaçione* di Yhesù Cristo, la quale Iddio li die per fare *asapere* a' suoy *fratégli* quelle cose che convenne tosto essere fatte, e *questo* singnifichò per l'angielo suo a Giovanni suo servente, 2 il quale *fe'* testimonaça alla parolà di Dio e Yhesù Cristo *in tutte quelle cose* che egli vidde. 3 Bene aventurato *è* coluy che legge e ode le parole de questa profeçia....
9 Yo Johan vostra frara e personer *e conpayo* en tribulacio et en regna et en paciencia en Jhesu Crist, e estat en huna ila qui es apalade Patmos per la paraula de Deu e per lo tastimoni de Jhesu Crist. 10 Io fuy en esperit hun dignenga, e oi aprés mi una gran veu *de* trompa 11 que deya mi....	9 Io Giovanni vostro fratello, apparticipante *e conpangno* in tribulaçione e in rengnio e in sapiençia *con* Yhesù Cristo, sono istato in una yxola che si chiama Palmos per lla parola d'Iddio e per testimonança di Cristo. 10 Io [fui] in ispirito una domenicha, e udì dopo me una grande boce *di* tronba 11 che mi diceva....

Ces deux textes sont si parfaitement identiques, qu'il est très

1. B. N. esp. 4 : *qui volen piadosamen viver.*
2. *Cod. Tepl. : Dicz ist di deroffenung Jhesu Kristi.*

difficile de dire lequel est tiré de l'autre. Nous avons montré[1] que l'Apocalypse catalane dépend, du moins en quelque mesure, de l'ancienne traduction française. La Bible française paraît également tenir quelque place dans les origines de notre version. Je citerai seulement ici quelques mots du ms. B. N. fr. 398, en rendant le lecteur attentif au doublet qui rend le mot *particeps* dans les trois textes, au verset 9 :

L'Apocalipse de Jhesucrist, que Diex li donna pour fere *asavoir* a ses sers ce que il convendra que il soit tout fet, et le senefia envoiant par son angle Johan son serjant, 2 qui porta tesmoing a la parole Dieu et a Jhesucrist....

9 Johan nostre freres et parconniers *et compainz* en *nos* tribulations et el roiaume et em pacience *et* en Jhesucrist, fui en l'isle qui est apelée Pathymos....

La version ordinaire de l'Apocalypse, celle qui figure dans les bibles complètes et dans le plus grand nombre des mss., a un caractère différent, mais nous la verrons tout à l'heure se mélanger avec celle-ci :

MS. RICCARDI 1658.

L'Apochalissi[2] di Giesù Cristo, la quale diede a llui Idio palesemente [a fare][3] a' servi suoi quelle chose che bisognò che siano fatte avaccio, et significhò mandando per l'angelo suo al servo suo Giovanni, 2 il quale testimone rende alla parola di Dio et al testimonio di Giesù Cristo in queste cose che vide. 3 Beato quegli che legge et quegli che ode le parole di questa profetia.

9 Io Giovanni fratello vostro et partefice[4] nelle tribulationi et nel regno et nella patientia[5] in Giesù Cristo, 10 fui in una isola, la quale è chiamata Patmos[6].

Comme on le voit, l'ancienne traduction de l'Apocalypse, qui fait partie de la Bible italienne, n'a rien de commun avec la version, en partie tirée du français, que nous avons examinée

1. *Romania*, XIX, 520.

2. Ricc. 1258 : *L'Apocalissi*; Ricc. 1538. Marc. : *L'Apocalipsi*; Malh. : *Apocalipsi cioè revelatione*; Jens. : *Apocalypsi cioè rev.*; Ricc. 1252 : *L'Apocalipsa*; Sienne : *Apocalissa*; B. N. 2 : *L'Apocalips*; B. N. 4 : *Apocalipsis*; Pal. 6 : *La revelatione Apocalipsi*.

3. *A fare palese* : B. N. 2. 4; *palesemente a ffare per fare palese* : Pal. 6.

4. *Parçoniere* : Ricc. 1538; *partefice et corpangno* : Pal. 6.

5. Ms. : *potentia*.

6. *Palmosa* : Ricc. 1538. Marc. Sienne; *Palmosa* : Pal. 6; *Pathmos* : B. N. 2. 4.

tout à l'heure[1]. Mais quels indices trouvons-nous dans cette ancienne version sur son origine?

Dès les premiers versets, nous trouvons une traduction curieuse du mot *verba prophetiae hujus* :

I, 3. Ricc. 1538 : *le parole de la proficia di questo libro* (= B. N. 2)[2].

Il y a là un doublet, et ce doublet se retrouve dans les versions provençales et vaudoises : « las paraulas de la prophecia d'aquest libre. »

Au verset précédent, *in queste cose ke vide* n'est pas la traduction littérale de *quaecumque vidit*, et cette circonlocution se trouve dans la Bible vaudoise : « en aquelas cosas lascals el vec » et dans le Nouveau Testament de Lyon : « en aquestas causas qualsquequals vi. »

Bientôt après, au v. 13, nous constatons une ressemblance avec les versions du midi de la France qui ne peut être fortuite.

Similem filio hominis. — Tous les mss. : *simigliante al Figliuolo della Vergine.*

C'est le « Filh de la Verge » des versions provençale (B. N. fr. 2425), vaudoise et catalane et de plusieurs traductions françaises[3].

Ces quelques indices n'établissent pas une provenance certaine, ils ne suffisent pas à prouver que l'ancienne Apocalypse italienne ait été traduite sur le provençal, mais on ne peut y méconnaître l'indice d'une influence de textes provençaux.

C'est ainsi que, pour toutes les parties du Nouveau Testament, nous ne pouvons nous soustraire à cette conclusion : le traducteur est accoutumé au langage religieux du midi de la Ftance, il a sous les yeux la même Bible latine qui était usitée

---

1. Je ne dis rien du mélange des deux versions qui s'est opéré dans le ms. Pal. 6, comme on le verra dans les notes ci-dessus.

2. *La parola*, etc. : Ricc. 1252; *le parole di questa profetia* : Ricc. 1250. 1658. Pal. 6; *la parola di questa profetia* : B. N. 4.

3. *Romania*, XVIII, 400. — Nous retrouvons *lo Fiolo de la Verçene* dans le ms. vénitien, Marc. I. 3 (Luc, XXI, 25) quoique à cet endroit le français, sur lequel ce texte est traduit, ait « le Fil de home ». Cette expression était donc, au XIVe siècle, passée dans l'usage courant de la langue italienne. Je ne rappelle que par un mot le *sun der maid* de la version allemande (*Codex Teplensis*, etc.).

dans ce pays et sa mémoire est pleine des versions provençales de la Bible. Il a, sans nul doute, vécu dans des pays de langue provençale.

VII. — DE L'USAGE DE LA BIBLE ITALIENNE

a. *Écrivains et Traducteurs.*

Notre étude ne serait pas complète si nous ne nous demandions pas quel a été l'usage religieux de la Bible italienne. Ici les documents abondent, mais pour la seule ville de Florence. La Bibliothèque Riccardi, réunie pendant plusieurs générations par une famille amie des lettres, nous introduit dans les mœurs intimes des Florentins. La Bibliothèque palatine des grands-ducs, la bibliothèque Magliabecchi, enrichie des trésors des couvents supprimés, la Laurentienne et la collection Marucelli ajoutent leurs informations à celles que fournissent en abondance les manuscrits des Riccardi. Ce n'est pas par hasard que nous rencontrons ainsi, à tous les instants de notre travail, le nom de Florence. C'est à cette patrie des lettres qu'il appartient de nous livrer le secret de la vie littéraire de l'Italie, dans ses rapports avec la religion. D'autres villes nous réservent sans doute des éléments précieux d'instruction, mais nous ne trouverons pas ailleurs la Bible italienne si intimement mêlée à la culture des lettres et à la vie de famille.

Ce qui frappe le plus, lorsqu'on passe en revue les noms des copistes de la Bible italienne, c'est le rang élevé qu'ils occupent dans la société florentine. Ce ne sont pas, le plus souvent, des ouvriers payés de leur peine, mais des fils de famille. C'est pourquoi les beaux manuscrits « de lettre bolonaise » sont rares à Florence; nous n'en trouverons guère que cinq, sur trente-huit manuscrits de la Bible, et un des cinq paraît écrit à Bologne. Quatre seulement sur les trente-huit (et l'un semble être bolonais) ont des miniatures. Le plus grand nombre, vingt-huit, sont sur papier, et le retour assez fréquent d'un même filigrane[1] nous montre que nos manuscrits sont restés au lieu de

1. J'ai relevé, dans les 28 bibles italiennes sur papier, conservées à Florence, 25 filigranes différents, mais le cor de chasse y apparaît 5 fois, et une fois à Sienne.

leur origine. Une seule fois nous trouvons (comme souvent dans les textes français) le libraire en train de compter avec son ouvrier[1]. A la fin du manuscrit Riccardi 1250, qui est un Nouveau Testament du xve siècle décoré dans le style traditionnel, avec filaments violets aux initiales rouges, nous voyons une note où on peut lire : *Lettere a penna azurre e rosse fiorite* 344, *per soldi* 8 *il centinaio.*

Ceux de nos écrivains dont nous savons les noms appartiennent en général à cette riche et puissante bourgeoisie qui était la noblesse de Florence. Le ms. de l'Harmonie des Évangiles, Ricc. 1356, porte à la fin cette note :

Ego Laynus condam Bartolomei domini Layni de Carmignano, notarius Spine Giannis de Spinis de Florentia potestatis Sancti Miniati Florentini, hunc librum scripxi m° iij^c^. lxxj°., ind. x^a^, die x^a^ febr. vid. die carnisprivii[2].

Le ms. Ricc. 1657 commence par ces mots, qui indiquent le contenu, la date et le nom de l'écrivain :

Questi sono i santi vangeli disposti di latino in volgare secondo l'ordine della chiesa di Roma, e incominciano alla prima domenica dell'avento. E sono di mano di me Neri di ser Viviano de'Franchi da Firençe. Cominciati a dí prime di giugno mcccc°x., ind. iij.

Neri di ser Viviano[3] de' Franchi est cité par Buonaccorso Pitti, dans sa chronique, à l'an 1410. Il fut prieur, c'est-à-dire membre de la Seigneurie, en 1420. Il n'a copié que les douze premiers feuillets : le reste du ms. est d'une autre main.

A la fin du manuscrit Ashburnham 1250 de la Laurentienne, qui contient les Évangiles et les Épîtres des dimanches, on trouve un nom qui est celui de la famille bien connue des Serragli :

Finito per me Agniolo di Bonaiuto di Nicholò Serragli, a dí .x. di febraio m. cccc°. lxxxiij., a laude e [g]loria dello omnipotente Iddio e della sua sanctissima madre.

---

1. Cf. *La Bible française*, p. 284 et *Mém. de la Soc. des Antiq. de Fr.*, t. LIII, p. 29.

2. D'après le calcul florentin, cette date doit être lue 1372. San-Miniato-al-Tedesco avait été acheté par Florence en 1370.

3. *Ser* signifie à Florence notaire ou prêtre, et non seigneur comme à Venise.

Les Épîtres de saint Paul, accompagnées d'un apocryphe sur la mort et les miracles de l'apôtre (Ricc. 1627, fin du xve siècle), sont signées d'un prêtre : *Scripta per Giovanni Ciatini prete*. Le même Ciatini a copié, en 1466, la description des églises de Rome et le guide de Florence à Jérusalem, suivis des sept Psaumes de pénitence, dans le ms. Magl. XXXVII, 47.

Le nom d'un des Tornaquinci (c'est le nom ancien de la célèbre famille des Tornabuoni) se rencontre dans le manuscrit Pal. 5, comme le nom d'un traducteur. C'est à la suite des Épîtres de saint Jérôme, qui sont copiées avant l'Épître de saint Jacques. L'une de ces épîtres porte le nom d'un frère prêcheur :

Questa epistola volgarizò il venerabile maestro Çanobi dell' ordine di frati predicatori, per utilitadę di chi non sae gramaticha.

L'*Epistola consolatoria a uno infermo* est suivie de cette note :

La soprascripta pistola vulgariçoe Nicholò de Ghino Tornaquinci.

Nicolaus Ghini de Tornaquincis siégea en 1342 dans les conseils de la Seigneurie. Il fut enterré à Sainte-Marie-Nouvelle, le 9 octobre 1384[1].

Voici encore un traducteur toscan et un puriste, mais il est anonyme. C'est l'auteur qui a mis en tête du ms. Ricc. 1787, du xive siècle (ou du xive au xve), la préface suivante :

Priegho ongni huomo che questo libro de'vangeli volgareççati vorrà trascrivere, che guardi di conservare il parlare a littera secondo che truova iscritto, et no llo vada mutando, però che piccola silaba et piccolo articolo come sono *lo*, *la* : *lo profeta*, *la scriptura*, et chosí fatte dictioni et parole et silabe, ànno molto ad variare la sententia più che altri non crede, ponendovele o levandonele. Et non basta la (*ms.* : le) sola gramatica ad volghareççare, ma si richiede la theologia et spositione de' santi dottori; però addunque vi diciamo tutto questo acciò che lla fatica non sia perduta.

Anche perché la Scriptura in moiti luoghi parla moço et manchandovi parole che vi si debbono intendere et supplire per aiutare l'ydioti, et perché altri non si maravigli et non creda che sia mutata la substançia del testo quando suppliremo o dichiareremo alchuna parola che sarà necessaria et che vi si intende, vergolerò di sotto a quella cotale parola o paraula, acciò che ssi conoscha quella che sta nel testo, e quella che no.

In volgareççando seguiteremo uno comune parlare toschano, però che è il

1. *Delizie degli eruditi toscani*, t. IX, p. 189 et t. XIII, p. 191.

più intero e il più aperto comunemente di tutta Ytalia, e il più piacevole e il più intendevole de ongni lingua. Cominciamo addunque al nome de la santa Trinità il vangelio di messere santo Matheo, il quale comincia chosí di sotto :

Questo è il libro della generatione, *cioè genelogia et schiatta* di Yhesù Cristo figliuolo di David...

La version des Évangiles qu'annonce cette préface est tout simplement la même que nous connaissons bien, mais retouchée presque à chaque mot et très lourdement glosée. J'en ai donné dans les notes qu'on a eues plus haut de nombreux extraits, je me borne donc à en transcrire ici quelques mots, pris dans le passage le plus défiguré :

JEAN, I, 1 : Nel principio, cioè etternalmente inançi ad tutte le cose, era, non fu, però che sempre fu et è et sarà, et sempre fu et sarà generato, sempre si genera lo Verbo, cioè il Figliuolo di Dio, generato et prodotto nella mente etterna e divina et conceputo per modo di sapientia et notitia amorosa, sí che è substantifico et substantiale, però che Dio è cosa infinita (*ms.* : inpunita) et eterna...

Ce galimatias ne fait guère honneur au « parler toscan » qu'affecte le traducteur.

La traduction de la Genèse, par Romigi de'Ricci, est au contraire une œuvre d'un réel intérêt, et véritablement florentine.

Le ms. Riccardi 1655 commence par un livre de raison qui contient quelques pages des comptes de la grande maison de commerce des Ricci. Ce livre de comptes est daté des années 1363 à 1367 et il est signé d'Ardingo di Chorso de' Ricci. Enrichi des œuvres littéraires ou des travaux de copie du fils d'Ardingo, il est demeuré longtemps dans la famille des Ricci, car il recevait en 1435 la signature d'un neveu du traducteur de la Genèse : *Ardingo di Zanobi de'Ricci,* et plus tard celle de l'arrière-petit-fils de ce neveu : *Di Giuliano di Giovanni di Giuliano d' Ardingo di Zanobi d'Ardingo di Corso de'Ricci* (fol. 1). C'est sur ce vieux registre de la maison paternelle que le jeune Romigi a écrit, à partir de 1399, ses essais de traduction ou de copie, ornés de dessins naïfs et enfantins.

Les œuvres italiennes de Romigi de' Ricci comprennent la Genèse, des proverbes extraits de Salomon et d'autres auteurs, la légende de Lucrèce et une nouvelle traduite de Pétrarque. Le jeune écrivain n'avait pas une grande connaissance de la littérature italienne, car le texte de Pétrarque qu'il a pris la peine de traduire en italien n'est pas autre chose que la traduction en latin de la nouvelle de *Griselda*, de Boccace. Le jeune Ricci a donc refait l'italien de Boccace[1]. Il serait curieux de comparer la traduction à l'original.

La traduction de la Genèse est précédée d'une préface :

Son cierto che lle mie forze disingniali et nobile al peso di volere riduciere di latino in volghare sofficientemente il primo libro della bibia...

Elle est signée et signée à la fin.

Finito il Gienesi di Moises, asenprato e conpiuto d'asenprare per me Romigi d'Ardingho, questo dí primo di giungnio mccclxxxxviiij°.

On va voir, par les premiers mots de la Genèse, que cette traduction est faite avec soin, qu'elle semble faite de première main et ne paraît pas dépendre des traductions antérieures.

Nel principio creò Iddio (*ms.* : credo in deo) il cielo e la terra. [2]Ma lla terra era vana et vota, e lle tenebre erano sopra la faccia dell' abiso, e lo spirito del Singniore era menato sopr'all'aque. [3]Disse Iddio : Sia fatta la lucie, e fatta [è] la lucie. [4]E vidde Iddio la lucie che fuse buona, e divise la lucie dalle tenebre, [5]e appellò la lucie diem e lle tenebre notte. E fatto è la matina e lla sera, dí uno.

[6]Dise Iddio : Sia fatto il fermamento nel mezo dell'aque (*ms.* : dell'aque nel mezo del aque), e divise l'aque dall'aque. [7]E fecie Iddio il fermamento, e divise l'aque ch'erano sotto il fermamento da quelle ch'erano sopra 'l fermammento, e cosí fu fatto. [8]Vocato fu il fermamento cielo, e fatto è lla sera e lla matina, il dí secondo...

Quelque bien que l'on puisse penser de cette traduction, l'incorrection du manuscrit autographe que nous avons entre les mains nous laisse un grand doute sur l'originalité de l'œuvre du jeune Romigi. En outre, Romigi lui-même ne se vante pas d'autre chose que d'avoir *asemprato*, c'est-à-dire copié la Genèse. Il faudra que quelque Florentin écrive un jour ce modeste chapitre de l'histoire littéraire de Florence. Il est probable que notre écrivain est mort jeune, car c'est à ses neveux qu'a été laissé le livre qui contenait ses essais littéraires.

---

1. Je dois cette remarque, comme beaucoup d'autres et comme un grand nombre de corrections, à la science et au dévouement de M. S. Morpurgo.

b. *Manuels de piété, Psaumes de la Pénitence et Evangéliaires.*

Grâce aux trésors que conservent les bibliothèques de Florence, il est possible de connaître en quelque manière l'usage que les Florentins ont fait de la Bible et de savoir dans quel milieu ils avaient coutume de la placer.

Ce n'est pas, d'ordinaire, par les gros volumes qui contiennent tous les livres saints, que la Bible pénètre dans l'intimité de ceux qui n'ont pas fait d'études. Au moyen âge, la Bible complète en langue vulgaire était un objet de grand luxe; les livres isolés, choisis selon le goût d'un chacun, d'un prix abordable et d'un format modeste, trouvaient plus facilement l'entrée des maisons et le chemin des cœurs. Florence est particulièrement riche en ce genre de volumes. Mais ceux dont le caractère est le plus personnel sont peut-être les livres où la Bible est découpée suivant les besoins du culte ou à l'intention de la lecture et de la prière. Or ces livres de piété, qui sont en même temps des livres bibliques, sont à peu près tous, à Florence, tirés, pour le texte biblique, de la grande version courante, qui est la véritable Vulgate italienne. Il est vrai qu'en entrant dans l'usage quotidien, les textes bibliques se sont d'ordinaire chargés de gloses et de paraphrases, qui les rendent parfois presque méconnaissables.

C'est ainsi que nous avons quatre mss. des Psaumes de la pénitence (v. p. 374). Aucun de ces textes ne ressemble aux autres, et pourtant tous ressemblent à leur original commun. Ils sont, en effet, certainement empruntés au texte ordinaire, mais ils sont profondément transformés. Que l'on veuille bien comparer au Psaume CI, tel qu'il se lit dans le ms. Pal. 2, le texte suivant, qui est emprunté au manuscrit Marucelli C. 300 (XVe siècle). Ce n'est presque plus un psaume, c'est une prière :

MS. PAL. 2.	MS. MARUCELLI C. 300.
[2] Signore, odi la mia oratione e 'l mio grido vengha a tte. [3] Non volgere la faccia tua da me, in qualunque dí sarò tribulato inchina ad me le tuo orecchie, in qualunque dí io ti chiamerò odi me tosto. [4] Per ciò ch'e' giorni miei sono venuti meno tosto come il fummo,	[2] Singnore, odi la mia oratione et vengha dinançi a cte el mio humile priego. [3] Non vogli torre da mme la tua beningnia faccia, inchina li tuoi orecchi alli miei prieghi, in qualunque die di tribulatione io ti chiameroe, odi mi conpiutamente et tosto. [4] Però che

e lle mie ossa sono turbate et come arse. 5 Io sono percosso et come fieno si seccò il cuore mio, per ciò ch'io dimenticai di mangiare il pane meo. 6 Per ciò ò io tanto pianto e llamentatomi, che non mi sono rimase se non l'ossa e lla pelle. 7 Io sono fatto simile al pellicano di solitudine, fatto sono come uccello di notte nella magione. 8 Io veghiai et fatto sono come passera solitaria in sul tetto.

i dì miei sono venuti meno come fangho e lle mie ossa sono secche come cosa arsiccia. 5 Percosso sono di subito come fieno et il cuore mio è diventato arido, però ch'io ò dimenticato di manicare lo mio pane. 6 Et però ò cotanto pianto et lamen[ta]tomi, che non è rimaso di me altro che ll'ossa e lla pelle. 7 Et son facto solitario come pellicano et come coccoveggia, come torri et caselle, 8 et come passera solitaria per li tecti [1]...

A vrai dire, les Psaumes ont été écrits pour servir à la prière et cette adaptation va bien à son but.

Tous les Psautiers italiens sont suivis de Cantiques, tirés de l'Écriture sainte et de la liturgie, qui en font un véritable manuel de dévotion. Ce sont généralement les huit cantiques de l'Ancien Testament, le *Magnificat*, le cantique de Siméon, le *Te Deum*, le symbole *Quicumque*, l'oraison dominicale, le *Credo piccolo* ou symbole des apôtres, le *Credo maggiore* ou symbole de Nicée et le cantique des anges. Le Psautier formait ainsi comme un bréviaire pour l'édification domestique.

C'est encore un livre d'usage, et qui a eu un grand succès, que l'Harmonie évangélique, le *Quatuor in unum* que sept mss. florentins nous ont conservé (v. p. 379). Ce texte n'est pas seulement un arrangement de l'Histoire évangélique, fait du reste avec soin et avec méthode, sur la base de la version ordinaire; c'est aussi plus ou moins une paraphrase. Nous en avons donné assez d'exemples à propos des Évangiles pour pouvoir renoncer à en donner des extraits [2]. Il conviendra plutôt de citer quelques lignes d'une autre Harmonie évangélique, celle que conserve le ms. de Sainte-Marie-Nouvelle, Magl. *Conv. soppr.* C. 3. 175 (XIVe siècle) :

In quello temporale apressandosi Cristo in Gerusalem e venisse da Bettania nel monte, mandò duo de li suoi disciepoli andare a uno castello ch'è

1. Variantes choisies : 4. Magl. XXVII. 47 : *son sechate como cresiccio.* — 7. Magl. XL. 41 : *como notighorax, cioè come cocoveggia che non vede de die.*

2. L'Harmonie évangélique conservée dans nos 7 mss. est divisée en 231 paragraphes; les noms des évangélistes sont indiqués très exactement à chaque verset.

incontro di voi, e quivi troverete una somaia legata e uno puledro con essa. Discoglietella e menatella a me. E se alcuno uomo adomaderà voi, dite ch'ella bisongnio allo maestro. Acciò che fosse adenpiuto lo detto dello profeta ai figliuole di pacie : Echo lo tuo re che viene umile, sedendo sopra l'asina e lo poledro. Feciorono li disciepoli come Cristo comandò loro. Le genti gittavano le vestimenta nella via e facevi andare lui sopra sé. Altri di loro gittavano gli rami delgli alberi e delgli ulivi nella via. E lla gente che andava e che venia dicevano : Benedetto sie tu che venisti nel nome di Dio. Entrando elli in Gierusalem, tutta la gente fu comossa e gridavano e dicevano : Chi è questi ?...

Cet essai de concordance évangélique n'a pas de quoi nous retenir longtemps, et les Florentins ont bien fait de lui préférer le *Quatuor in unum*, qui avait été tiré, non sans élégance, de la version traditionnelle.

C'est également à la version traditionnelle que sont empruntés les Évangiles et Épîtres des dimanches de l'année, conservés dans deux mss.[1], ainsi que les Évangiles des dimanches, que contiennent également deux mss.[2] Il y a sans doute bien des changements, mais le fond est bien le texte ordinaire[3]. Le ms. Pal. 3, l'un des deux derniers dont nous venons de parler, contient des allusions aux coutumes de plusieurs ordres religieux :

Fol. 46 v° : Sequentia del sancto vangelio secondo Jovanni, dicesi a dí iiij di magio secondo i frati predicatori a reverenza della corona di Cristo (JEAN, XIX, 1 suiv.).

Fol. 56 : Incominciamento del sancto vangelio secondo Marco. Dicesi la prima domenica dell' avento secondo l'ordine di san Guilglelmo del diserto dell'ordine di Cestella (Cîteaux).

Tout autre est un ancien texte vénitien, une traduction libre des Épîtres et des Évangiles des dimanches et des fêtes, qui se lit dans un ms. de la Marciana, cl. I. it. 80, écrit au XIVe siècle et peut-être entre le XIIIe et le XIVe. Je vais en donner quelques extraits :

Fol. 2 : *In la vigilia de la natività de Cristo, epistola a li Ebrei.*

Dise san Polo ali Ebreis (I, 1) : Molte fiade et per molti muodi Dio Pare

1. Ricc. 1400 (XVe siècle) et Laur. Ashb. 1250 (copié en 1483 par Agniolo Serragli).

2. Pal. 3 (XIVe siècle) et Ricc. 1657 (copié en 1410 par Neri de' Franchi).

3. Dans le ms. Ricc. 1250 (XVe siècle), le commencement des Évangiles est marqué par une croix, et leur fin par un obèle après deux points.

sí à mandato a li nostri pari antixi, ma in lo tempo novelo 2ax in lo avignamento del so Fiol e lo sinde à parlà per la bocha del so Fiol, el qual elo aconstituxe erede de lo universo, per lo qual elo à creà el mondo. 3El qual, con ço sia che sia splendor de la gloria eternal e sia figura de la substancia de Dio, e con ço sia ch'el sia portador de li nostri pechà, el siede da la destra parte de la maiestà in quelo luogo ecelso...

Fol. 59 v° (Luc, xv, 11) : Parla el vangelista miser San Luca e che
amaistrando Cristo li suo disipoli elo dise questa (60) parola : El fo una
fiada un hom lo qual sí aveva .ij. so fioli. 12Et un d'esi dise al pare,
ço fo el plù çovene : Padre, dame la porcion de la sustancia la qual
tu me contiene. Et elo sí li de la sustancia soa. 13E non pasando molti
dí, abiando el fio çovene asunato ogni cosa, elo sí se desparti e sí andà in
una region molto longa, çoè in longe parte, e là sí disipà la sustancia soa
vivando elo lusurioxamente. 14E abiando elo consumado ogna cosa, el si vene
una grandisima fame in quela region et elo si començava aver fame. 15Et elo
sí andé e aconçase con uno rico hom de quela region e sil mandà in la vila
soa açò che devese paser li so porcy. 16E lo çovene sí desirava de inpir lo
ventre so de quele cose lequali si magnava li porcy et elo non li'nde voleva
dar. 17Et elo sí fo reverso inverso de si, e sí comença a dir : O miser mio,
quanti mercenarii sí è in caxa de mio pare, sí li abonda el pan, e io sí perisco
da fame. 18Io sí me leverò e sí anderò dal pare mio dicendo : Padre, io sí ò
pecado in cielo e in lo conspeto to. 19Io non son degno de eser clamado to
fiolo. Io te priego che tu diebi far de mi sí como tu fesi a un to minimo mercenario. 20Et elo sí se leva suxo e sí vene al pare so. Siando ancora elo da
longi, el so pare sí lo vete e ave conpasion de lui e comença a corer et abraçar e basar lo so fiolo suxo el colo. 21E 'l so fiolo (60 v°) comença a dir :
Padre, io ò pecado in cielo e in lo to conspeto, io non son plù degno de eser
clamado to fiol. 22E digando elo le parole, el padre dise ali servi : Dibiè andar
de prexente e dibiè adur la prima vestimenta, çoè bela, e dibièla meterila in
doso, e dibiè dar l'anelo in la man soa, çoè in dedo, e dibièlo calçar de
caçe e de calçarii. 23E dibiè andar a tuor un vedelo, el mior ch'io abia e
maçèlo, açò che nui mangemo e bevemo aliegramente. 24Inperçò che questo
mio fio iera morto e mo' elo sí è resusitado, elo sí era perso, e io sí l'ò catado.
Et in questo meço eli comença a mançar.

25E l'altro so fiolo sí era in lo campo, e vignando et aprosimando elo
a caxa, elo sí aldí molti strementi, coè muxacorni e mexi canoni sonare.
26Elo sí clama uno de li suo servy e sí li domanda che iera quelo. 27E
lo servo so sí li dise ad elo : El to fradelo sí è vegnudo e 'l to pare sí à
fato alcider lo mior vedelo ch'elo avese, inperçò ch'elo l'à reçeudo sano e
salvo. 28Abiando elo aldido le parole, elo sí fo indignato e non voleva intar
in chaxa. 29Elo sí respoxe a so pare e sí li dise : El è cotanti ani ch'i'ò serv[a]do
el to comandamenti ch'io non li ronpi mai, ní castroni ní vedeli ch'io mangase
ma con li mie amixi. 30Ma da può che questo to fiol à devorado la substancia
soa con le pecarixe e mo' ch'el è vegnudo, tu sí li à' fato alcider lo mior vedelo

che tu abi abudo. [31]El pare sí li dise : Fiol mio, tu e' senper con meso mi e tuta e ogna cosa che è mia sí è toa. [32]Inperçò non a pro mestier de dever mangare ní avere altra alegreça, inperçò che questo to fradelo iera morto [è] resusitado, el iera perso el è sta catado.

La Bible italienne a-t-elle été de quelque emploi dans le culte?

Évidemment non, si on parle des offices publics. Mais tous ces mss. d'allure liturgique sentent de près l'Église. L'exemple que nous allons donner n'est pas, cette fois, emprunté à Florence, mais à Ferrare ou à quelque ville voisine.

Le ms. Marciana cl. I. it. 2 est écrit d'une écriture bolonaise du XIVe siècle. C'est un Nouveau Testament incomplet, qui est suivi d'un calendrier en italien où sont mentionnés les saints Apollinaire, Vital et Agricola, et où le nom du *beato patre Domenigo* et sa translation sont marqués en rouge. Notre manuscrit a donc été écrit dans un couvent de dominicains ou de dominicaines de la province de Ravenne. Il a été donné, au XVIe siècle, à la chartreuse de Venise, mais on voit, par les notes qui sont sur ses marges, que de 1363 à 1414 il appartenait au couvent de Saint-André de Ferrare. Dans ce ms., qui représente la version ordinaire, les leçons sont marquées en marge, de même que les jours où elles doivent être lues, d'une écriture du XIVe siècle. Peut-être servait-il à la lecture publique, au réfectoire de Saint-André de Ferrare, peut-être tel autre des mss. que nous venons de voir a-t-il été destiné à un usage analogue. De même, l'un des plus anciens mss. du Psautier anglo-normands, le Psautier dit de Montebourg, porte des accents toniques destinés à la lecture à haute voix. Nous pouvons donc croire qu'en Italie comme ailleurs, la Bible en langue vulgaire a servi quelquefois à la lecture publique dans les couvents.

Beaucoup de nos mss. florentins ne sont pas précisément des Bibles, mais des recueils d'extraits où des lecteurs curieux copiaient, à côté de quelques livres de la Bible choisis par eux, les ouvrages qui leur plaisaient le plus. En les parcourant, nous feuilletterions, en quelque sorte, la bibliothèque religieuse des Florentins au XIVe et au XVe siècle. La table des mss. qui termine notre travail suffira à cet objet

c. *Catholiques et Vaudois.*

De ce qui précède ressort l'image, assez nette et très vivante, d'une société catholique, dans laquelle la Bible italienne a sa place au soleil. Nous n'avons pas remarqué qu'en Italie aucune décision ait jamais été prise contre l'usage de la Bible en langue vulgaire. Deux fois, au milieu du XVIe siècle, nous voyons l'Inquisition examiner nos manuscrits, et c'est pour les autoriser. Il est vrai que le fait même de cette autorisation atteste une liberté sagement tempérée. Il s'agit d'abord de la Bible, Sienne F. III. 4, au commencement de laquelle nous lisons ces mots :

Conceditur licentia legendi hunc codicem confratribus fraternitatis Beatae Virginis hujus loci etiam ex auctoritate Sanctae Romanae Ecclesiae Inquisitionis, habitae die duodecima martii 1559.

Ego frater Augustinus Senensis, ordinis minorum, commissarius.

Quatre mois après, un autre commissaire de l'Inquisition permet à un Salviati de Florence l'usage d'une autre Bible italienne, qui semble n'avoir pas été une traduction littérale, et qui a fait partie de la collection Hamilton (n° 86) :

Si concede licentia al magnifico signor Giovan-Battista Salviati gentilhomo fiorentino di poter tenere et legere questa parte [della] sacra Bibla vulgare da sacro offizio della Romana universale Inquisizione. Datum in Roma, nel palazzo de el Santo Offizio, a dí 28 de luglio MDLVIIII.

F. Thomas de Scotis Viglevanensis, ord. pred., sacrae theologiae professor, commissarius generalis sanctae Romanae Inquisitionis[1].

Au moyen âge, nous ne constatons en Italie aucun examen semblable, aucune approbation de la Bible ni aucune défense. Nous savons seulement (et ce fait mérite d'être relevé) que trois de nos traducteurs étaient des dominicains[2]. Quant aux

---

1. Biadene, *Giornale storico della letteratura italiana*, t. X (1887), fasc. 3. Le ms. a été acheté par M. Quaritch, le 23 mai 1889. Ces deux pièces sont le pendant du visa accordé à la bible catalane, Egerton 1526, par le frère Bernard, inquisiteur (*Romania*, XIX, 509).

2. Il faut ajouter aux noms de Cavalca et de Frédéric de Venise celui du dominicain fra Bartholomeo de Modène, inquisiteur de Ferrare, qui, au XVe siècle, a traduit les Psaumes avec commentaires (Quétif, t. I, p. 807 et t. II, p. 823; Le Long, t. I, p. 354).

Vaudois des Alpes, ils sont pour ainsi dire sur la lisière du domaine de la Bible italienne, mais ils la connaissent et ils savent l'adapter à leur langue et à leurs besoins.

Ceci pour l'usage de la Bible, mais que dirons-nous de son origine?

Je ne parlerai pas ici d'un assez grand nombre de versions de moindre importance, faites à toutes les époques et dans toutes les parties de l'Italie, depuis la Sicile jusqu'à Venise[1]. Ces œuvres mineures n'ont eu qu'un succès restreint. La question est pour nous de savoir, s'il se peut, dans quel milieu est née la grande version qui a rempli l'Italie au XIVe et au XVe siècle.

Tant que la Bible italienne, dans ses mss. les plus anciens, n'aura pas été soumise à un examen philologique approfondi, il ne sera pas possible de rien dire de définitif quant à ses origines et surtout à sa date. Pour le moment, nous croyons, d'après les indices que nous donne l'étude du texte latin sur lequel la traduction a été faite, que la Bible entière a été traduite dans le nord de l'Italie, vers le milieu du XIIIe siècle ou peu après. Nous ne pouvons affirmer qu'elle ait été traduite en entier par un seul écrivain ni par un même groupe de traducteurs. L'identité de style des préfaces de l'Ancien et du Nouveau Testament tendrait plutôt à établir le contraire, car ces préfaces marquent déjà une édition d'un texte donné, et l'auteur de la préface de la Genèse avait la traduction du quatrième Évangile sous les yeux. Le traducteur de l'Ancien Testament a englobé dans son œuvre une version du Psautier, plus ancienne, dans laquelle s'affirme, à une date très ancienne, l'influence bien connue de la littérature française sur les anciens textes italiens. L'usage que le traducteur ou le compilateur a fait d'une version antérieure des Psaumes, doit nous engager à ne pas insister sur l'unité primitive de la Bible.

---

1. Je n'ai pas eu l'occasion de mentionner la très curieuse glose sicilienne du IXe chapitre de saint Marc, faite au XIIIe siècle sur le texte grec et écrite en lettres grecques (V. di Giovanni, *Propugnatore*, 1883, I, p. 318), non plus que l'Apocalypse, accompagnée d'une glose tirée de Nicolas de Lyre et traduite par frate Federico da Venegia, dominicain (*Prop.*, 1880, I, p. 119 et 1884, II, p. 260; ms. de Vicence, 2. 8. 1; cf. Zambrini, col. 36), et de beaucoup d'autres textes moins importants. J'aurais pu citer aussi les Évangiles accompagnés d'une glose où il est fait allusion à un vers de Dante (F. di Mauro, *Prop.*, 1869, I, p. 323; 1871, II, p. 372 et 1874, I, p. 17).

Quant au Nouveau Testament, il paraît être sorti tout entier d'une même plume, de la plume d'un homme qui connaissait parfaitement la langue provençale et qui avait le Nouveau Testament provençal sous les yeux ou dans la mémoire. Beaucoup des leçons du latin auxquelles le traducteur s'attache sont de celles qui étaient en cours, au commencement du XIIIe siècle, dans le Languedoc. Parfois le texte italien n'est pas la traduction du latin, mais du texte provençal ou vaudois. Ceci est un fait acquis et dont l'importance est considérable.

En effet, la langue provençale franchit les Alpes, encore aujourd'hui, sur un seul point, dans les vallées vaudoises et autour d'elles. C'est au commencement du XIIIe siècle que nous voyons les Vaudois se répandre dans le nord de l'Italie, et la rupture des « pauvres lombards » avec les « ultramontains », c'est-à-dire avec les « pauvres de Lyon », date de 1218. C'est dès ce temps que les « pauvres lombards », ayant rompu les attaches qui les retenaient à la France, ont dû sentir le besoin d'une Bible italienne. On ne saurait trop dire combien a été ardente, au XIIIe siècle, la propagande vaudoise dans le nord de l'Italie. Ces disciples de Valdus, schismatiques eux-mêmes et devenus purement italiens, ont eu certainement entre les mains une version italienne du Nouveau Testament : sans cela, ils n'auraient pas été les Vaudois. Or, nous avons une version du Nouveau Testament faite par un homme dont la Provence était la patrie spirituelle (patrie d'adoption, sans doute), et auquel le français n'était probablement pas étranger. Son langage religieux est celui des Vaudois des montagnes. Ce traducteur ne serait-il pas un Vaudois ?

Que l'on ne s'étonne pas de voir une version d'origine suspecte, bien vue de l'Église et répandue dans les milieux les mieux pensants. Telle était la prudence des Vaudois, surtout dans les origines, que nous ne pouvons trouver étrange de voir une œuvre qui émanait d'eux s'introduire peu à peu dans tous les mondes et faire (le mot n'est pas trop fort) la conquête de l'Italie.

La Bible italienne est parfaitement orthodoxe, et elle l'a certainement toujours été. C'était le propre de la secte vaudoise de ne pas être hérétique, sinon tout au plus sur quelques points de morale. Au reste, quelle est, au moyen âge, la version de la Bible qu'on puisse dire hérétique ? Il est donc fort possible que l'Italie ait reçu le Nouveau Testament en langue vulgaire des mains des Vaudois.

Samuel BERGER.

BIBLIOGRAPHIE

BERLAN (F.). *L'Apocalisse*. Pistoie, 1842, in-8°.

— *I Libri di Tobia, di Giuditta e di Ester*. Venise, 1844, in-8°.

— et DE ANDREIS (ABB.). *Bibbia volgare*. Venise, 1846, in-8°.

BENCINI (L.) *Volgarizzamento della pistola mandata a quegli d'Effeso*. Florence, 1851, in-8° (*per nozze*).

BINI (G.). *Li savi detti*. Florence, 1847, in-8° (*per nozze*).

BONSI (B.-P.). *Volgarizzamento degli Atti degli Apostoli di fra D. Calvaca*. Milan, 1882, in-16 (d'après l'édit. de Florence, 1769. — T. CCCCXXXVIII de la *Bibl. scelta di opere italiane*).

BRESCHI (G.). *L'Apocalisse*. Pistoie, 1842, in-8°.

CARINI (J.). *Le versioni della Bibbia in volgare italiano*. S. Pier d'Arena, 1894, in-12.

CESARI (A.). *Vita di Tobia e di Tobiuzzo*, à la suite du t. IV des *Vite de' SS. Padri*. Vérone, 1799, in-4°.

CICOGNA (E.). *Volgarizzamento dei Vangeli*. Venise, 1823, in-8°.

CURIONI (F.). *Atti degli Apostoli, volg. da fra D. Cavalca*. Milan (1847), in-16.

DE ANGELIS (F.). *Contemplazione sulla passione di N. S. G. C.* Rome, 1846, in-8° (Évang. et Ép. de la semaine sainte).

DEL RE (C.). *La pistola di S. Paulo apostolo mandata a quegli d'Effeso*. Florence, 1851, in-8° (*per nozze*).

FANFANI (P.). *I Proverbi*. Florence, 1865, in-16.

— *Sette salmi penitenziali* (*Il Borghini*, t. I., 1863, p. 488).

FERRATO (P.). *Il cantico de' cantici*. Venise, 1868, in-4° (*per le nozze di S. M. Umberto I*).

FREDIANI (F.). *Il libro dell'Ecclesiaste*. Naples, 1854, in-8°.

GIOVANNI (V. DI). *Nel Propugnatore*, 1883, I, p. 318 (glose sicilienne de MARC, IX).

L. (L.). *Epistola di S. Paolo a Filemone*. Sienne, 1853, in-12.

LE LONG (J.). *Bibliotheca sacra*, t. I. Paris, 1723, in-fol., p. 353.

MANUZZI (G.). *Libro di S. Tobia e di Tobiuolo*. Florence, 1832, in-12.

MAURO (F. DI). *Nel Propugnatore*, 1869, I, p. 323 (Matth., I-VII); 1871, II, p. 372 (MARC, I-IV); 1874, I, p. 17 (Jean, XVIII-XXI). A part, Turin, 1874.

MIOLA (A.). *Nel Propugnatore*, 1880, I, p. 119 (Apocal. glosée); 1884, II. p. 260 (*id.*); 1887, I, p. 65 (Tobie).

MORPURGO (S.). *Un codice scritto da un prigioniere Triestino* (*nell' Archivio storico per Trieste, l'Istria e il Tridentino*, t. II, p. 391).

MUZZI (L.). *Fiore d'Italia*. Bologne, 1824, in-8°.

NEGRONI (C.). *La Bibbia volgare*. 12 vol. in-8°, Bologne, 1882-1887 (*Coll. di opere ined. o rare dei primi secoli della lingua, pubbl. per cura della R. Comm. pe' testi di lingua nelle provincie dell'Emilia*).

PESSUTI (P.). *Epistola cattolica di S. Jacopo*. Venise, 1859, in-8°.

POGGIALI (G.). *Storia di Tobia e sposizione della Salve Regina*. Livourne, 1799, in-8°.

SORIO (B.) *Saggio di un antico volgarizzamento delle epistole apostoliche. La Epistola agli Efesini*. Vérone, 1848, in-8° (*per nozze*).

— *La lettera di S. Paolo ai Galati*. Vérone, 1861, in-8°.

TOTI (A.). *Antico volgarizzamento della lettera di S. Paolo agli Efesini*. Sienne, 1870, in-12 (*per nozze*).

TURRINI (G.). *La Epistola di San Jacopo e i capitoli* III *e* IV *del Vangelo di San Giovanni*. Bologne, 1863, in-16; *Il libro delle Lamentazioni di Jeremia e il Cantico de' Cantici*. Bologne, 1863, in-16 (*Scelta di curiosità letterarie, disp.* XXX *e* XXXII).

— *La Epistola di S. Jacopo*. Vérone, 1869, in-12.

VANNUCCI (M.), *Leggenda di Tobia e di Tobiolo*. Milan, 1825, in-8°.

— *Volgarizzamento del libro di Ruth*. Lucques, 1829, in-8°.

Volgarizzamento degli Atti degli Apostoli di fra D. Cavalca. Florence, 1837, in-8°.

ZAMBRINI (F.). *Serto di olezzanti fiori da giardini dell'antichità*. Imola, 1882, in-8° (JUGES, XI-XII).

— *Storia della reina Ester* (*Scelta di cur. lett., disp.* XLIII). Bologne, 1864, in-16.

— *Le opere volgari a stampa dei secoli XIII e XIV*. Bologne, 1866, in-8°; 4e édit., 1878 et 1884 (avec appendice),

— *Miscellanea di prose*. Imola, 1879, in-12, p. 171 (JOB).

DESCRIPTION DES MANUSCRITS

Florence. Bibliothèque Laurentienne.

PLUT. XXVII, C. 3. PSAUTIER ET ÉVANGILES

Reliure avec chaîne et coins aux armes des Médicis. — 280mm sur 210. 133 ff. écrits. Papier (filigr. : licorne, cloche, cerf à mi-corps). 32 à 33 l.l. dans le Psautier, 2 col. de 43 à 51 l. dans les Évangiles. Titres courants; réclames; rubriques; initiales rouges. — Fol. 1 : *Beato quell' uomo*... Cantiques. Fin du 1er ms. : *Chonpiuto è il saltero in volghare*, etc. (XVe siècle). — 73 (2e ms.) : *In nomine Patri e Filii e Spirito sancto amen. Incomincia il prolago... Matteo si come nell' ordine*... Fin : *Conpiuti iiij° vangeli... a dì iij d'ottobre fu scritto nel 1395* (Bandini, t. V, col. 2).

PLUT. XXVII, c. 8. HARMONIE ÉVANGÉLIQUE

Reliure des Médicis, avec chaîne. — 260mm sur 190. 51 ff. Parchemin, 2 col. de 34 à 37 l. Rubriques; réclames; initiales rouges; une initiale en couleur. Écriture italienne paraissant du XIVe siècle. — Fol. 1 : *Incominciano i vangeli in volgare... Nel principio era lo Figliuolo...* Mutilé. Fin : ... *nella destra par[te]* (MATTH., XXVII, 64). Lacune avant le f. 42 (Bandini, t. V, col. 7).

STROZZI, 10. PARTIES DU NOUVEAU TESTAMENT

Anc. no 38. — 290mm sur 225. 64 ff. Papier (filigr. : 2 clefs, un A, un sautoir). 2 col. de 34 à 36 l. Rubriques en partie non peintes. Grosse écriture italienne du XIVe au XVe siècle. — Fol. 1 : *Incomincia la pistola di santo Jacopò... (J)acopo servo di Dio...* Après les Épîtres catholiques, l'Épître aux Romains, sans titre, I et II COR., et GAL., interrompu à II, 12, au milieu d'une page. 45 : *Qui comincia il libro degli Atti... Lo primo mio parlamento et sermone...* Mutilé aux mots : *et ai preti* (ACT., XV, 2). (Bandini, *Suppl.*, t. II, p. 310).

ASHBURNHAM, 1250. ÉPITRES ET ÉVANGILES

Reliure veau vert. — 265mm sur 195. 136 ff. Papier. 31 l.l. — Fol. 1, table. 4 : *(A)l nome sia del Nostro Signiore... Qui incominciano le pistole e lle lezioni evangieli... (F)ratelli sapiate ch'egli è oramai...* Fin : ... *il regno di Dio. Deogratias amen.* Signé de Agniolo Serragli, 1483 (voy. p. 401).

Florence. Bibliothèque Marucelli.

C. 300. PSAUMES DE LA PÉNITENCE, ETC.

140mm sur 110. 155 ff. Papier (filigr. invisible). 21 à 22 l.l. Rubriques; réclames. XVe siècle. — Fol. 1 (il manque 12 ff. en tête) : ... *sa m[a] adoperasse...* 23 : *Finito il tractato di molte cose teologiche.* Vo : *Qui pongo i septe salmi penitentiali in volgare.* Ps. 1o : *Domene Dio, nel tuo furore non mi riprendere...* 32 : *Qui pongo il calendario* (saints locaux : Gimignano, Brancatio, Zanobi, Brocolo, Romolo, Ruffello, Donato, Puteto, Miniato, Friano, Ghimento, Zeno, Firenze). Comput daté de 1382. 97 : *Qui pongho il libro fiesolano* (p.p. G.-T. Gargani [cf. Zambrini, c. 607] et par O. Hartwig, *Quellen u. Forsch. z. ältest. Gesch. d. St. Florenz.* Halle, 1875 ss.). 124 : *Questa è la pistola che scrisse Lentulo a' sanatori di Roma e Pilato a Claudio... Nel tempo d'Octaviano...* 127 : *Qui pongho la disputatione che fece S. Pietro et S. Paolo a Roma chon Simone magho... Santo Paolo exendo a Roma...* Fin : *Io Marcello discepolo dell' appostolo S. Piero queste cose vidi et ò iscripte. Deo grazias. Amen.* (cf. R.-A. Lipsius, *Acta Petri*, 1891, p. 45). (Fanfani, *Borghini*, 1863, p. 488).

Florence. Bibliothèque nationale.

Cl. XXXVII. c. 47. Psaumes de la pénitence, etc.

Anc. nº D. 47. Garde : *Hic liber est Bernardi de Brogiottis.* — 140mm sur 105. 103 ff. écrits. Papier. — Fol. 2, liste des églises de Rome (en tête, une note au crayon : *Cialini, delle chiese di Roma e peregrinazioni di Terra santa. Autogr. 1481*). 5 : *Dell' origin' e principio della ciptà di Roma* (description de Rome). 14 vº : *Queste sono le indulgentie che sono nelle chyese de l'alma ciptà di Roma... scripte per uno peccatore nell' anno del Singniore mcccc lxvjº*... 85 : *Viaggio della sancta terra di Hierusalem. Da Firenze a Bolongnia sono miglia 50.* — *Le peregrinactioni della Terra sancta...* 97 : *E psalmi penitentiali vulghari. Ps.* 1s : *Singnore non mi riprendere nel tuo furore...* 103 : *Le secte parole che Yhesù Cristo disse insu la croce... sechulorum. Amen.*

Cl. XL. c. 41 : Extraits des Évangiles. Psaumes de la pénitence, etc.

Anc. nº 667. — 215mm sur 145. 125 ff. Papier (filigr. : cerf, épée, échelle, etc.). Rubriques; réclames. xivᵉ siècle. — Fol. 1 (3 ancien) : ... *rousi da lui...* Extraits divers des Évangiles. 14, Passion, en vers italiens. 37, fragment d'un traité de morale. 43 vº, Lamentation sur la Passion : *Piangete gente...* 48 vº, la Vengeance du Christ : *Nel tempo di Tiberio* (cf. Tischendorf, *Ev. apocr.* 2ᵉ éd., p. 471)... 59 vº : *Fater nostro disposto... Lo primo adomandamento si è...* 65, suite du traité de morale. 99 : *Explicit liber di Fiori de virtù.* 101 : *Inc. liber Albertani. Lo incominciamento è'l meçço e la fine de mio dire...* 116 : *Questi sono i sette salmi penetenciali disposti in volgare. Così incomincia la glosa* (sic). *Domine ne in furore tuo. Messere, non mi riprendere in tua força...* 119 vº, *Te Deum* et Cantiques.

Cl. XL. c. 47 : Proverbes et Ecclésiaste

110mm sur 85. 101 ff. Parchemin. 18 l.l. Lettre ornée au fol. 1. Écriture italienne du xivᵉ siècle. — 1 : *Qui si cominciano li* [*Proverbi di*] *Salamone...* 75 (74 vº est au blanc) : *Or che è quello ch'è facto...* (Eccl., I, 9). Fin : ... *e d'ogne male che sia* (Fanfani. Frediani. Bini).

Pal. 2 : Psautier

Des Écoles pies de Florence. — 290mm sur 220. 63 ff. Papier (filig. : une sorte de trèfle). 33 à 40 l.l. Rubriques. Écriture paraissant du xivᵉ siècle. — Fol. 1 : *Incomincia il prolagho sopra il saltero... Davit fu pare di Salamone...* vº : table. 4 : *Beato quello huomo...* Cantiques. Fin : *Sancta Maria ora per noi. Amen* (L. Gentile, *Catal.*, 1889, p. 3).

Pal. 3. Évangiles des dimanches et fêtes

270mm sur 200. 56 ff. Parchemin. 2 col. de 38 à 41 l. Rubriques. xivᵉ siècle. — Fol. 1 : *Questi sono i santi vangelii disposti di latino in volgare secondo l'ordine della chiesa di Roma... In quello tempo disse Jhesù a' discepoli suoi : Fieno sen-*

gni nel sole (Luc, xxi, 25)... Fin : ...*l'uomo non spartisca* (Matth., xix, 6). (Gentile, p. 4).

Pal. 5. Épitres de saint Jacques, etc.

220mm sur 155. 115 ff. Parchemin. 35 à 37 l.l. Rubriques; réclames; initiales bleues et rouges. xive siècle. — Fol. 1 : *Incomincia una epistola che mandòe S. Gieronimo doctore a Ddemetriade. Se io fossi*... 28 v° : *Questa epistola vulgarizò il venerabile maestro Çanobi dell' ordine di frati predicatori per utilitade di chi non sae gramaticha. Questa è una epistola consolatoria di S. Geronimo... a uno infermo... Advegna che certissimamente*... 43 : *La soprascripta pistola vulgarizoe Nicholò de Ghino Tornaquinci*. V° : *Incominciasi la pistola di S. Jacopo apostolo in vulgare. Jacopo servo di Dio*. . 47 : *Questo è uno sermone che fece S. Bernardo. O huomo che d'anima rationale*... 50 : *Delle infermitadi del corpo*... 51 v°, sorte de catéchisme : *Questi sono i setti doni dello Spiritu sancto*... 57 v°, le Credo commenté. 63, prière. 64, épître de saint Jérôme à Rusticus sur la vie monastique. 79 v°, épître à Eustochium sur l'amour de la virginité (Gentile, p. 5).

Pal. 6. Apocalypse, etc.

290mm sur 215. 167 ff. Papier (filig. : couronne surmontée d'un R et d'une croix; étoile; griffon; gril). xive siècle. — Fol. 1, sermon sur Gal., v, 25 (sur la *disciplina dei spirituali*)... 150 v° : *Incomincia l'Apocalipsi di S. Johanni... La revelatione Apocalipsi*... 167, traité de la Simonie, mutilé (Gentile, p. 6).

Conventi soppressi, B. 3. 173. Proverbes

De S. Maria Novella. — 225mm sur 150. Parchemin, 2 col. de 37 à 42 l. Initiales rouges. xive siècle. — Fol. 1 : *Al tenpo che Salamone*... V° : *Queste sono le paraule di Salamone*... 44 v° : *Chi bene averà guardati li chomandamenti di santa ecresia et de li evangelii seranno choronati. Amen*. Suit une recette médicale. La suite est un autre ms., sur papier (Le Long).

Conv. soppr. C. 3. 175. Cantique des Cantiques et Harmonie évangélique

De S. Maria Novella. — 305 sur 220. 171 ff. Papier (filig. : grenade). 2 col. de 32 à 35 l. Fin du xive siècle. — Mutilé. Fol. 4 (Cant., ii, 2) : *Come lo gilglio nascie in tra le spine*... 9 v° : *Sequentia santi eguangelli secondo Matteo. Lo libro dello parentado di Jhesù Cristo*... Fin : ... *e piantavi le buone erbe*.

Conv. soppr. F. 5. 178. Évangiles et épitres des dimanches

De Vallombrosa. *Questo libro è di fra Curtio Baldovini*. — 285mm sur 205. 110 ff., numérotés anciennement. Papier (filigr. : fleur entre deux feuilles). 30 à 34 l. Fin du xve siècle. Manque le commencement. Fin : *E quelgli ch'àrano fatto*...

Conv. soppr. I. IV. 9. Harmonie évangélique, etc.

De S. Marco, n° 727. En tête, un blason : « taillé d'or et de sable, à une bande de l'un en l'autre, accompagnée de deux croissants de même » (Sala ?).

— 290mm sur 210. 115 ff. écrits. Papier (filigr. : chapeau de cardinal). 2 col. de 29 à 32 l. Initiales bleues et rouges. Rubriques. xve siècle. — Table... *Nel principio era il Figluolo di Dio*... Fin : ... *e seghuitando loro miracholi. Amen. La dischriscione del chorpo di Cristo Cristo. Leggiesi ne' libri annali antichi... Finis a di xvjo di giennaio † mcccclxxv. Viagio del Santo Sepolcro e del monte Sinai* (sur le voyage aux lieux saints, fait en 1385 par Giorgio Gucci, Andrea Rinuccini et Lionardo Freschobaldi, cf. R. Rœhricht, *Bibl. geogr. Palaestinae*, 1890, no 223)... *La pistola del N. S. Giesù Cristo, il qual è disceso di cielo in terra in sull'altare di messer San Piero in Gierusalem* (cf. *Romania*, XIX, 510)... Suit l'exposition de l'oraison dominicale et des dix commandements.

Florence. Bibliothèque Riccardi.

No 1250. Nouveau Testament

De la bibliothèque d'Antonio da Sangallo (no 90). — 335mm sur 235. 188 ff. 2 col. de 40 à 42 l. Papier (filigr. invis.). Initiales bleues et rouges, avec filaments violets. Rubriques; titres courants; réclames. xve siècle. — Fol. 1 : *Questa è la tavola di tutti i vangieli dell'anno*... 5 : *Al nome di Dio. Amen. Quivi si cominciano i santi vangieli... Matteo si chome nelle [o]rdine... Quest' è † il libro della gieneratione*... Fin : ... *con tutti voi. Amen. Conpiuta l'Apocalis di santo Giovanni evangelista, la quale è di tanta profondità et di tanta sottigliezza, che ogni parola contiene in sè molte sententie. Deo gratias. Amen* (Sorio. Del Re).

No 1252. Seconde moitié de la Bible

400mm sur 290. 180 ff. Papier. 2 col. de 52 à 54 l. Rubriques; premières lignes de chaque livre en onciale; réclames; titres courants rouges. xive siècle. — Fol. 1 : *Qui si comincia il libro dello Ecclesiasticho di Salamone. Cap. Io. La sapientia di molti huomini*... Confusions et interversions. Fin : ...*con tucti noi. Amen. Qui si è conpiuta l'Apocalipsa in volghare la quale iscrisse sancto Johanni evangielista et apostolo et ancora qui finiscie tucto il testamento nuovo in volghare. Amen* (Turrini).

No 1304. Harmonie évangélique, etc.

290mm sur 220. 132 ff. Papier (filigr. inv.). 33 l. l. Écriture paraissant du xive au xve siècle. — Fol. 1 : *Joh. Nel prencipio era il Filgliuolo d'Iddio*... Mutilé après les mots : *Tu sai ongni chosa, tu sai* (Jean, xxi, 17). 68 : Légende de l'Invention de la Croix, à partir de : ...*ne nella legienda di sancto Silvestro papa... a llaude e riverenza della santissima crocie di Giesù Cristo. Dell'avenimento di Gesù Cristo*... 72 vo, oraison composée des sept Paroles de la croix. 73, paraphrase de l'oraison dominicale (mutilée). 74 vo, Psaumes de la pénitence, en latin. 77 vo : *Questa pistola mandò santo Bernardo a messer Ramondo*... 81, *Le Fiore di Virtù*. 113 (autre ms., xve-xvie siècle) : *Epistola di messer Fr. Petrarca al gram siniscalco degli Acciaioli*... 120, correspondance de Paul et de Sénèque. 128 : *Proverbi di frate Giacopone da Todi*. 129, calendrier en italien.

N° 1321. ÉPITRES CATHOLIQUES, S. PAUL, ETC.

295mm sur 220. 80 ff. Papier (filigr. : griffon, hache). 2 col. de 35 l. Initiales rouges; réclames. Deux écritures du XVe siècle. — Fol. 1 : *Jacopo servo di Dio*... 14 v° : *S. Paulo a' Romani. Paulo servo di Cristo*... Mutilé à II TIM., II, 17. 72, traité des sept sacrements, mutilé. 78 : *Pistole di Senecha et san Paolo*. Fin : ... *carissimo ad noi* (Sorio. Del Re).

N° 1325. ÉPITRES DE SAINT PAUL

Les armes des Pescioni sont peintes au fol. 1, de la même main que l'initiale. — 300mm sur 220. 39 ff. écrits. Parchemin. 2 col. de 40 à 48 l. Initiales bleues et rouges. Écriture cursive paraissant du XVe siècle. — Fol. 1 : *Paulo servo di Cristo*... Fin : ... *con tucti voi. Ammen* (Sorio. Del Re).

N° 1349. APOCALYPSE

290mm sur 205. 27 ff. écrits. Papier (filigr. : une tige entre deux pommes). 31 à 35 l.l. Initiales bleues et rouges. Commencement du XVe siècle. — Fol. 1 : *Epocalis. Capo primo. Come dice l'oppostolo*... 2 : *Questa è la rivelaçione... con tutti. Amen. Finito è quy il libro della Pochalisy Deo gracias. Orate per lo scrittore. Amen. Finito i libro della Pocalis*. 19 : *La pistola di Santo Bernardo... Al graçiososo e bene aventurato chavaliere Ramondo singnore di Chastella-Anbrnogio*... 22, texte sur les sacrements.

N° 1354. HARMONIE ÉVANGÉLIQUE, etc.

280mm sur 220. 77 ff. écrits. Papier (filigr. : cor de chasse). 2 col. de 49 l. dans les Evangiles. Il s'est conservé, dans les Évangiles, 26 beaux dessins, inégalement achevés, les uns en camaïeu gris, les autres lavés au bistre ou seulement esquissés. L'art de ces dessins est gracieux et la main de l'artiste légère; les costumes sont ceux du XIVe au XVe siècle. — Fol. 1 : *Dopo queste cose venne Jhesù* (JEAN III, 22). 30 v° : ...*e seguitando loro miracholi. Amen, Amen. Deo graçias. Chomo mandò lo Spirito sancto*... 33 (après 2 ff. blancs). *(S)i conta nel libro de' fatti degli apostoli che quando Jhesù Cristo se n' andò in cielo*... Chap. I : *(G)ià udisti chome Jhesù Cristo se n' andò in cielo*..., Chap. II : *(G)ià udisti chome Jhesù Cristo, po' che fu crucificato, aparve primieramente a Giusep im Bramançia. Dicie Nichodemo in suo iscritto*. . 35 v° : *E qui apresso chonteremo chome si chomminciò il battesimo in Italia e in Roma e in Ispagnia*... 39, *La messa della Nostra Donna*, suivie de prières; les sept paroles de la croix développées. 40 v° (Jolie miniature en couleur représentant la Vierge et divers personnages), prières. 41, la Recommandation du vendredi (cf. *Mélusine*, t. IV, c. 133 et 204). *Ib.*, lettre de S. Bernard à Ramondo. 43 suiv., nombreux textes hagiographiques, suivis de la narration du jour du jugement et de la vie de S. François.

N° 1356. PSAUMES DE LA PÉNITENCE ET HARMONIE ÉVANGÉLIQUE

300mm sur 220. 53 ff. Papier (filigr. invis.). 36 à 42 l. l. Initiales rouges réclames. Écriture cursive. Daté de 1372. — Fol. 2 (peu lisible, le f. 1 en blanc)

(Ps. CI, 4) *Imperò che vennoro meno...* 3 : *Questi sono li santi evagelii di Cristo conpilati ed ordinati translatati di gramatica in volgare ...Secondo Giovanni. Nel cominciamento era il Figluolo di Dio...* 53 v° : *...e seguitando loro miracoli. Amen... Leggiesi ne libri anali antichi* (Lentulus)... *Ego Laynus*, etc. (voir p. 407).

N° 1382. Mélanges. Épitres de saint Paul

280mm sur 215. 167 ff. Papier (filigr. : tour, P, éperon, M, feuille?). 2 col. de 36 à 42 l. Réclames; rubriques; initiales bleues et rouges. 2e moitié du xve siècle. — Lucidaire. Prière à S. Christophe. Fol. 46 : *Cominciono le pistole del beatissimo messere San Pagolo... Pagholo apostolo servo di Cristo...* 99 v° : *...chon tutti voi. Amenne. Detti di santi.* Cicéron, le Songe de Scipion. Frate Ghaligo, Exposition des vertus cardinales. Épître de saint Jérôme à Démétriade. Sermons et méditations de S. Bernard (Del Re).

N° 1400. Épitres et Évangiles des dimanches

235mm sur 170. 168 ff. écrits. Papier (filigr. invis.). 2 col. de 32 l. Rubriques. — Fol. 1, calendrier en italien (S. Çanobio en rouge). 7, table. 10 : *Finito a di 20 di novenbro 1463.* 11 : *(A)l nome sia del N. S. Y. C... (F)rategli, sappiate che egli è hora tempo...* 168 v° : *...et molti ultimi saranno primi. Amen. Deo grazias.*

N° 1538. Mélanges. Apocalypse. Épitres de saint Jacques et de saint Pierre. Évangile selon saint Mathieu

Reliure mosaïque moderne. Sur la garde (xvie siècle) : *Questo libro si è di Giovanni di Domenico di Piero di Francesco di Duccio di Giovanni d'Antonio di Bernardo Mellini, etc. Chi lo achatta lo renda.* Armes des Mellini. Devise : *Fede e amore.* N° 142. — 345mm sur 235. 231 ff. Parchemin. 2 col. de 48 à 51 l. Initiales bleues et rouges, avec filaments violets. Grandes initiales d'or. Miniatures italiennes. Belle écriture bolonaise d'une seule main, paraissant du commencement du xive siècle. Très beau ms. — Fol. 1, Conjuration de Catilina et *Fatti di Cesare* (belles miniatures militaires — p. p. L. Banchi, Bologne, 1863; cf. P. Meyer, *Romania*, XIV, 31). 51 v°, discours de Cicéron. Vision de S. Bernard. Traité de rhétorique. 93 (belle initiale historiée) : *Qui comincia L'Apocalipsi di Jhesù Cristo. L'Apocalipsi di J. C..., con tutti voi.* 99 (initiale historiée) : *Jacopo appostolo...* 103 v°, légende de S. Silvestre. 107 : *Qui sarà scrita la istoria di li appostoli. S. Paulo essendo a Roma... ...avere remissione de' pecati come de venire a la gracia de gl' apostoli* (cf. Lipsius, *l. l.*) (curieuses peintures). 117 : *Qui comincia il vangeilio de sato Matheo... Questo è il libro de la generatione de J. C...* (29 miniatures). 134, Passion de Jésus-Christ. 135, *Liber Albertani.* 177 v°, Caton. 185 : *Explicit liber Catonis cum expositionibus vulgaribus conpositis in studio Bononiensis. Deo gracias. Amen. Ib.*, Traduction italienne de la correspondance politique de Frédéric II avec Grégoire IX, Innocent IV et saint Louis, lettres d'Alexandre IV à S. Louis, etc. 201, Salluste, Jugurtha (peintures).

N° 1627. ÉPITRES DE SAINT PAUL etc.

220mm sur 145. 198 ff. Papier (filigr. : fleur entre deux feuilles). 26 l. l. Initiales rouges. Écriture cursive de la fin du XVe siècle. — Fol. 1 : *Comincia el transito del divotissimo doctore messer Sancto Girolamo...* 91 : *Prima si domanda...* (préfaces et arguments des Épîtres aux Romains, aux Corinthiens et aux Hébreux). 99 : *Paolo servo di Yhesù Cristo... con tucti voi. Amen.* 193 v° : *La conversactione di Sancto Paulo... Ib., La storia della morte dell'apostolo di Y. C. Sam Paulo...* 198 v° : *Miracoli e meriti di Sancto Paulo... Scripta per me Giovanni Ciatini prete* (Del Re).

N° 1655. GENÈSE. RECUEIL DE ROMIGI DE' RICCI

295mm sur 225. 145 ff., dont 6 ff. préliminaires, comprenant un livre de raison. Papier (filigr. : cor de chasse). 36 à 37 l. l. (57 dans les ff. 126 et suiv., qui sont du XVIe siècle). Daté de 1399. — Fol. 7 v°, Genèse. 44, proverbes extraits de Salomon, etc. 64 v°, légende de Lucrèce. 66, traduction de Pétrarque.

N° 1657. ÉVANGILES DES DIMANCHES

290mm sur 220. 81 ff. écrits. Papier (filigr. : cor de chasse). Rubriques; réclames; initiales bleues et rouges, avec filaments violets. Ms. de Neri de' Franchi, daté de 1410. — Fol. 1 : *Questi sono i santi vangeli...* 52 v°... *l'uomo none spartischa. Deo grazias. Amen* (MATTH., XIX, 6). Sermons de S. Augustin, calendrier et divers points du catéchisme (p. p. Cicogna).

N° 1658. SAINT PAUL. ÉPITRES CATHOLIQUES. APOCALYPSE

270 mm sur 190. 142 ff. Parchemin. 25 l. l. Réclames; rubriques; initiales bleues et rouges. Écriture paraissant du XIVe au XVe siècle. Beau ms. — Fol. 1 : *Incomincia il libro delle pistole di sancto Paulo... Paulo servo di Jhesù Cristo...* 97 v° : *Jacopo servo di Dio...* 115 : *L'Apochalissi di Giesù Cristo...* Arrêté à XXII, 16 : *queste cose nella chiesa. Amen.* 133 v° : *Incipit passio b. Margherite... per tutti secoli. Amen* (Del Re).

N° 1749. HARMONIE ÉVANGÉLIQUE

220mm sur 140. 52 ff. Papier (filigr. invis.). 32 à 41 l. l. Mutilé au commencement; 56 ff. sont numérotés anciennement. Écriture cursive paraissant du XIVe siècle. — Fol. 1 : *...di Sem e Sem di Noe* (LUC, III, 36). Fin (JEAN, XIX, 29) : *... si disse : I' ò sete. Et era un...*

N° 1787. ÉVANGILES

Fol. 1 : « n° 14 — lj — 10. Pandolfo. » — 225mm sur 155. 122 ff. écrits. Parchemin. Initiales bleues et rouges. Gloses soulignées en rouge. Réclames; titres courants. Petite écriture fine paraissant du XIVe au XVe siècle. — Fol. 2, table des Évangiles des dimanches. 10 : *Priegho ongni huomo* (voir p. 408). V° : (belles initiales historiées) : *Questo è il libro...* Fin : *...et li altri santi discepoli. Amen. Amen. Amen.*

N° 2335. HARMONIE ÉVANGÉLIQUE

Di Carlo Tommaso del Senatore Alesso Strozzi, 1723. — 280mm sur 195. 61 ff., plus 2 préliminaires. Papier (filigr. : cor de chasse). 2 col. de 42 à 46 l. Rubriques; réclames. Écriture paraissant de la fin du XIVe siècle. — Fol. A, table. 1 : *Al nome del Padre*, etc. *Inchomincia el libro de' santi evangieli chonposto et tratto ordinatamente di tutti et quattro evangielisti in volghare. Questo vangielo si dicie el di della natività del N. S. Giesò Cristo. Sechondo Giovanni. Chapitolo primo. Nel chominciamento era el Figliuolo d'Iddio...* Fin : *voy non mi chredete* (JEAN, VIII, 45). *Chompiuto è il libro de' santi evangieli. Deo graçias. Amen.*

Paris. Bibliothèque nationale.

ITAL. 1 ET 2. BIBLE

Nos de Naples : xxviij et ciiijxxx; Blois : 1533 et 1534; Rigault : vint quatre et vint huit; Dupuy : 301 et 534; Clément : 6996 et 6997. Reliure du Roi. — 390mm sur 275. T. I : 232 ff., plus 3 gardes; t. II : 247 ff., dont 6 ff. blancs. Papier (filigr. : tulipe, sorte de casquette, oie dans un cercle, croix pattée dans un cercle). 2 col. de 60 lignes. Titres courants rouges; rubriques; réclames. Les initiales n'ont pas été peintes. 2e moitié du XVe siècle. T. I : *(I)ncominciasi il libro del Genesis... (N)el chominciamento creò Idio...* Fin : *...et pieno di di. Qui è finito il libro di Job. Deo gratias. Amen.* — T. II : *Prologo sopra il libro delle parole di Salamone. (A) Cromacio et Elyodoro... (P)arabole di Salamone...* Fin : *.. con tutti voi. Qui finisce l'Apocalipso e 'l testamento nuovo. Deo gratias. Amen* (G. Mazzatinti, *Inv. dei mss. ital. delle bibl. di Francia*, t. I, Rome, 1886, p. 1).

ITAL. 3 ET 4. 2e ET 3e VOLUMES D'UNE BIBLE

No de Naples : ijcxxxiiij; Blois : 1548; Rigault : vint six et vint cinq; Dupuy : 307 et 306; Clément : 6998 et 6999. Reliure du Roi : — T. I : 380mm sur 280. 219 ff.; t. II : 405mm sur 290. 294 ff. Cahiers composés de 3 ff. doubles de papier entre 2 ff. doubles de parchemin, l'un à l'extérieur du cahier, l'autre à l'intérieur (filigr. : soleil, échelle). 2 col. de 39 à 42 l. Rubriques; réclames; titres courants rouges; initiales bleues et rouges. Écriture ronde. T. I : *In nome di Dio. Amen. Cominciasi il prolagho nel primo libro de Esdra...* Fin : *Qui finisce il libro di Eçechiel propehta. Amen. Completum est hoc opus per me fratrem Nicolaum de Neritono ord. pred. a. D. 1466 die ultima octobris, indicionis xve.* — T. II. *Incomensa lo prolago di S. Jeronimo sopra il libro di Daniel...* Fin : *...con tucti voi. Amen. Conpiuto il libro del Apocalipsis. Per me fratrem Nicolaum de Neridono completum est hoc opus blibie 1472 marcii 15.* 225 v° : *Questi sono vocaboli ebrei...* 294 : *Del Papia..*, 297, table (Mazzatinti, t. I, p. 1).

Sienne. Bibliothèque communale.

F. III. 4. ANCIEN TESTAMENT

405mm sur 285. 372 ff. Papier (filigr. : ancre). 2 col. de 57 à 60 l. Rubriques; réclames; titres courants. XIVe-XVe siècle. — Fol. 1 : *Inchominciasi la tavola dove si nominano tutti i libri del vechio testamento... Manifesta chosa è a nominare tutti i libri del V. T. ...* 4 : *Inchomincia il libro primo ...Nel chominciamento ...* Fin : *...et poi Erode andò a Rroma e rre di Giudea lui inchoronarono.* Fol. 1, visa d'un inquisiteur (Vannucci. Berlan. Zambrini).

I. II. 31. PARTIE DES ÉPITRES DE SAINT PAUL

190mm sur 150. 10 ff. Parchemin. 2 col. de 31 à 33 l. Ms. inachevé. Écriture paraissant de la fin du XIVe siècle. — Fol. 1 : *...no lo dico quasi per povertade* (PHIL., IV, 11). Fin : ... *e la gloria di Dio è'l* (Rom., IX, 4)...

I. V. 5. PARTIES DE L'ANCIEN TESTAMENT

300mm sur 225. 158 ff. écrits, plus une garde. Papier (filigr. : aigle nimbé; cerf; balance). 2 col. de 32 à 39 l. Rubriques; réclames; titres courants. XIVe siècle. — Fol. 1 : *Inc. liber de la Bibbia et del vecchio testamento... Nel cominciamento creò Idio...* Après EXODE, XXVIII, on lit, sans interruption et sans titre, les quatre livres des Rois (67 vo), suivis (133) de I MACH., I-XIV et (150) de l'histoire de Samson (JUGES, XIII-XVI) racontée librement : *La santa scrittura conta che, da poi ch'e' figliuoli d'Isdrael isciro del diserto...* 151 vo : *...là ove Sansone con grande moltitudine di Filistei perirono di morte, avendo Sansone anni.* 152 : TOBIE, I-XII. Fin : *racontiaro tutte le sue meravilglie* (Berlan).

I. V. 9. NOUVEAU TESTAMENT

330mm sur 225. 184 ff. dont plusieurs sont blancs. Parchemin. 2 col. de 39 l. Rubriques; réclames; initiales bleues et rouges. Belle écriture ronde italienne du XIVe siècle. — Fol. 3 (1 et 2 manquent) : *Al nome del Padre... Questo è el sancto vangelio di J. C. compilato et ordinatamente tratto di tutti e quatro evangeli... Nel principio era el Filuolo...* 146 : *...con tutti voi. Amen. Compiuta è la Pocalisse di Santo Johanni evangelista.* Vo, messe d'Innocent VI contre la peste. 151, table des Évangiles. 153, extraits des Évangiles, suivis de sermons de S. Bernard sur la vie contemplative. Fin : *...come possa convenevolmente* ..

Venise. Bibliothèque de Saint-Marc.

CL. I. ITAL. 2. PARTIES DU NOUVEAU TESTAMENT

« De la Chartreuse de Venise » (XVIe s.). Fol. 2 vo (id.) : *Iste liber est Pauli Johanis veneti, quem ipse concessit ad tempus monasterio,* (2e main :) *et quia jamdiu mortuus est, noster est.* 101 v° : *1414 a dì xiij di septembre, murì fra Çoane da Florença in Ferrara, e si fo soterato in S. Andrea sotto la scalla de dreto dal pergolo... Morìe fratte Novelo da Tribano de chottado de Padova a dì xij° de mese de luglo lo martidy a l'ora di vespro ne mccclxiij... ed è sotteratto ne la chiesa di sant' Adrea da for portta di fratti sotto la schala di ripetto a perchelo.* — 215mm sur 155. 102 ff. plus 2 fragments. Parchemin. 2 col. de 34 l. Rubriques; initiales et titres courants bleus et rouges; petites initiales à figures. Écriture bolonaise du XIVe siècle. — Fol. 3 : *Qui si comincia il vangelio di santo Mattheo. Questo è il libro de la generatione di Gesò Cristo...* Marc n'est copié que jusqu'à I, 41 et Luc n'est pas copié. Manque de JEAN, XVI, 23 à ROM., I, 17. On n'a pas copié plus loin que II COR., 1, 9. Suit (79), après une page blanche, l'Apocalypse. 94 : *...con tutti noi. Amme. Qui si finisse l'Apocalipse di santo Giovanni.* V°, calendrier italien. Les deux fragments contiennent la fin de II Pierre et quelques mots de I Jean.

CL. I. ITAL. 3. ÉVANGILES

D'Amadeus Suajer. — 290mm sur 220. 175 ff. Papier (filigr. : feuille pointue; feuille arrondie). 2 col. de 30 l. Initiales bleues et rouges. Peintures grossières. Écriture individuelle. Ms. de D. de' Zuliani. Fol. 1 : *Capitulo primo de la generacion Yhesù Cristo e con' la Vergine Madona senta Maria apartury lo N. S. Y. C. Ancora questo vagnelio se canta lo dì de Madona senta Maria de setembrio. Questo xe lo libero, çoè lo vagnel de la generacion de Y. C. ...*Jean commence à 1, 15. Fin : *...tante cose como ello fexe.* Suit une table des Évangiles, puis le *Pianto della Madonna* (sur ce poème, attribué à frate Enselmino da Montebelluna, voy. Zambrini, col. 386), et la note : A. D. 1369, etc. (voir p. 387). (Morpurgo).

CL. I. ITAL. 57. PSAUTIER

185mm sur 135. 172 ff. Parchemin. 22 l. l. Rubriques; réclames; initiales or et bleu. Belle écriture arrondie du XIVe siècle. Miniatures coupées aux nocturnes. Au fol. 21 v°, monogramme : *Giovani dei Rixi* (?). Les 46 premiers ff. sont occupés par des prières en latin. 47 : *Salmi de David traslatadi in volgare.* Cantiques. Les ff. 61, 62 et 172 sont mutilés.

CL. I. ITAL. 80. ÉPITRES ET ÉVANGILES DES DIMANCHES

290mm sur 200. 191 ff.; le f. 1 manque. Papier (filigr. invis.). 25 à 26 l. l. Rubriques; réclames; initiales bleues et rouges. Grosse écriture italienne paraissant du XIVe siècle (XIIIe-XIVe s. ?). — Fol. 2 : *Dominica .iiij. de aventu. Epistola a li Philipenses. Fradeli, alegreve senper do Segnor* (IV, 4)... 148 v° : *...et io si lo resusiterè in lo nuisimo dy, etc.* (JEAN, VI). *Deo gracias. Amen. Et è questo lo complimento de la fin de tuti li vangelii de l' ano connençando da la prima domenega de l' avento. Amen.* La suite est un autre ms.

Vicence. Bibliothèque communale.

N° 2. 10. 5. PSAUTIER

290mm sur 215. 43 ff. écrits. Papier (filigr. : couronne). env. 36 l. l. Rubriques; réclames. — Fol. 1 : *Beato lo homo* ...Cantiques. Fin (*Te Deum*) : ...*in eterno. Amen. Al nome de Dio 1447 a dì 17 de otobre fu fenito de scrivere lo dito libero chiamato el Salmista... Frate Lazero da Vinexia* (ce mot barré et remplacé par le signe : *sfpqqbqo*) *rumito scrisse questo libero, habitadore in Verona, indegno scribsit. Amen.* Monogramme. *Questo libero si è de* (écriture cryptographique)... Suit un comput pascal, puis, d'une autre écriture, un *confiteor* · *Padre mio, io me acuso... per alt·e fiade* (G. Mazzatinti, *Inv. dei mss. delle bibl. di Vicenza*, Forlì, 1892, n° 241).

Mâcon, Protat frères, imprimeurs.

www.ingramcontent.com/pod-product-compliance
Lightning Source LLC
LaVergne TN
LVHW020447230826
846091LV00004B/1574

* 9 7 8 2 0 1 9 1 8 5 0 3 9 *